어린이가 처음 만나는 독도 이야기

대한민국 독도 교과서

어린이가 처음 만나는 독도 이야기
대한민국 독도 교과서

글 호사카 유지 | **그림** 허현경
펴낸날 2012년 4월 25일 초판 1쇄, 2025년 10월 1일 초판 17쇄
펴낸이 신광수 | **CS본부장** 강윤구 | **출판개발실장** 위귀영
아동인문파트 김희선, 박인의, 설예지, 이현지
출판디자인팀 최진아, 김가민
출판기획팀 정승재, 김마이, 박재영, 이아람, 전지현
출판사업팀 이용복, 민현기, 우광일, 김선영, 이강원, 허성배, 정유, 정슬기, 정재욱, 박세화, 김종민, 정영묵
출판지원파트 이형배, 이주연, 이우성, 전효정, 장현우
펴낸곳 (주)미래엔 | **주소** 서울특별시 서초구 신반포로 321
전화 미래엔 고객센터 1800-8890 | **팩스** 02)541-8249
등록 1950년 11월 1일 제16-67호

ISBN 978-89-378-3534-6 73910

ⓒ 호사카유지 2012

책값은 뒤표지에 있습니다.
파본은 구입처에서 교환해 드리며 관련 법령에 따라 환불해 드립니다. 다만, 제품 훼손 시 환불이 불가능합니다.

KC 마크는 이 제품이 공통안전기준에 적합하였음을 의미합니다.
사용 연령: 8세 이상

어린이가 처음 만나는 독도 이야기

대한민국 독도 교과서

글 호사카 유지 | 그림 허현경

| 차 례 |

머리말 · 7

01 대한민국의 보물섬, 독도 · · · · · · · · · · · · 9
1. 독도는 옛날 옛적부터 한국 땅이야!   10
2. 독도를 알아야 독도를 지킨다   16
3. 독도는 보물섬   19
4. 독도를 짝사랑하기 시작한 일본   26

일본이 모르는 독도의 진실 01   32

02 독도를 알고 있었던 신라와 고려, 조선 사람들 · · · · · 35
1. 울릉도를 정복한 신라 장군 이사부   36
2. 독도를 알기 위해 먼저 알아야 할 곳, 울릉도   42
3. 신라의 지배를 받은 우산국   47
4. 울릉도와 독도를 다스린 고려와 조선   51
5. 독도의 진짜 이름   57

일본이 모르는 독도의 진실 02   62

03 민간 외교관으로 활약하며 독도를 지킨 안용복 · · · · · 65
1. 누가 죽을 죄를 지었는가!   66
2. 일본으로 납치당한 안용복   72
3. 울릉도와 독도를 조사한 조선과 일본   82
4. 조선의 민간 외교관 안용복의 활약   85

일본이 모르는 독도의 진실 03   90

04 지도로 살펴보는 진짜 독도의 주인 · · · · · 93
1. 법을 어기고 벼락 부자가 된 하치에몬의 최후   94
2. 울릉도의 가치를 일찍 알아본 일본인 하치에몬   100

3. 조선 지도에는 있지만 일본 지도에는 없는 땅 108
일본이 모르는 독도의 진실 04 114

05 독도의 주인을 알고 있었던 일본 117
1. 울릉도와 독도를 욕심낸 시마네 현의 사라진 꿈 118
2. 울릉도와 독도를 조사한 일본 124
3. 태정관에서 내린 명령 130
일본이 모르는 독도의 진실 05 134

06 흔들리는 대한 제국, 위기의 독도 137
1. 울릉도와 독도를 지키려 한 고종 황제 138
2. 대한 제국 칙령 제41호 144
3. 1905년, 몰래 빼앗긴 독도 151
일본이 모르는 독도의 진실 06 162

07 8·15 광복과 함께 되찾은 우리 땅 독도 165
1. 샌프란시스코 평화 조약에 빠진 독도의 이름 166
2. 8·15 광복 이후의 독도 172
3. 독도는 완전한 대한민국의 땅! 181
일본이 모르는 독도의 진실 07 188

독도의 지형과 시설 190

독도의 생물들 192

울릉도와 독도가 걸어온 길 194

작가의 말 198

| 머리말 |

    이 책은 우리 역사 이야기에 담긴 객관적 사실들을 알고 독도가 대한민국 땅인 이유를 정확하게 이해할 수 있도록 기획되었습니다. 독도가 일본 땅이라는 일본의 주장이 잘못되었다는 것을 깨닫기 위해서는, 독도를 두고 대한민국과 일본 사이에 어떠한 일들이 있었는지를 아는 것이 중요합니다. 따라서 이 책에는 당시 일본의 정확한 지명이나 일본 관리들의 관직 이름을 그대로 사용하여 더욱 정확하고 사실적인 독도 이야기를 전달하기 위해 노력했습니다.

    현재 일본은 독도를 '다케시마'라고 부르고 있습니다. 그러나 19세기 이전까지 일본은 울릉도를 '다케시마(죽도)'라고 부르고, 독도를 '마쓰시마(송도)'라고 불렀습니다. 이것을 구분하기 위해 많은 책들이 울릉도와 독도의 옛 일본 이름을 한자명인 '죽도', '송도'로 단독 표기하고 있으나, 현재 우리나라에는 울릉도 동쪽 약 2킬로미터 거리에 '죽도'라는 이름을 가진 다른 섬이 있기에 더 큰 혼란을 줄 수 있다고 판단하였습니다. 따라서 이 책은 일본인들이 울릉도와 독도를 부르던 옛 이름 그대로인 '다케시마'와 '마쓰시마'를 사용하여 좀 더 명확한 의미를 전달하고자 하였습니다.

호사카 유지

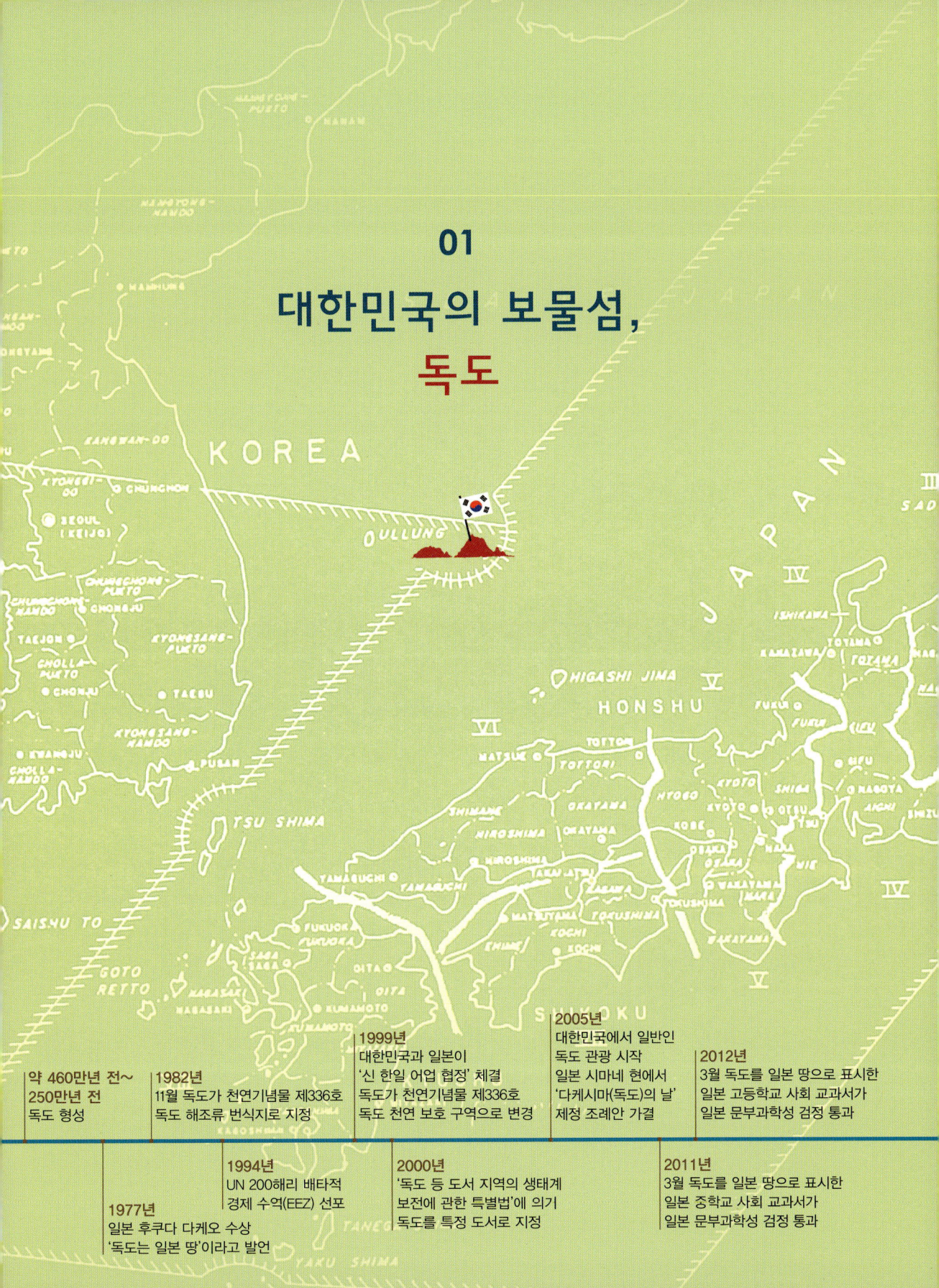

01
대한민국의 보물섬, 독도

| 약 460만년 전~ 250만년 전
독도 형성 | 1982년
11월 독도가 천연기념물 제336호
독도 해조류 번식지로 지정 | 1999년
대한민국과 일본이
'신 한일 어업 협정' 체결
독도가 천연기념물 제336호
독도 천연 보호 구역으로 변경 | 2005년
대한민국에서 일반인
독도 관광 시작
일본 시마네 현에서
'다케시마(독도)의 날'
제정 조례안 가결 | 2012년
3월 독도를 일본 땅으로 표시한
일본 고등학교 사회 교과서가
일본 문부과학성 검정 통과 |

| 1977년
일본 후쿠다 다케오 수상
'독도는 일본 땅'이라고 발언 | 1994년
UN 200해리 배타적
경제 수역(EEZ) 선포 | 2000년
'독도 등 도서 지역의 생태계
보전에 관한 특별법'에 의거
독도를 특정 도서로 지정 | 2011년
3월 독도를 일본 땅으로 표시한
일본 중학교 사회 교과서가
일본 문부과학성 검정 통과 |

1
독도는 옛날 옛적부터 한국 땅이야!

"오늘도 잔뜩 올라오는구나!"

독도 앞바다에서 그물을 끌어올리던 한국 어부들은 모두 싱글벙글했다. 생선이 그물 한가득 잡혀 올라오니 그럴 만도 했다. 모두들 얼굴에서 땀이 비 오듯 쏟아졌지만 그 누구도 손을 쉬지 않았다. 이렇게 흘린 땀방울만큼 많은 돈을 벌 수 있다고 생각하니 오히려 손이 두 개밖에 없는 게 안타까울 지경이었다.

예부터 독도 앞바다는 황금 어장으로 유명했다. 하지만 파도가 험하고 날씨를 예측하기 어려워 한번 가려면 목숨을 걸어야 할 정도로 위험했다. 그리고 36년 간의 일제 강점기가 끝나고 광복을 맞은 뒤에도 일본이 한동안 독도를 일본 땅이라고 주장하여 독도 근해에서 한국 어선과 일본 어선이 부딪치는 신경전도 종종 있었다.

그러나 이제는 배 만드는 기술도 향상되고 기상 관측도 정확하여 독도 근해로 출항하기 쉬워졌으며 누가 뭐라고 해도 독도는 한국 땅이라 우리나라 어부들이 고기잡이를 하는 데 아무 문제가 없게 되었다.

만선의 기쁨을 한껏 만끽하며 항구로 돌아온 어부들은 누가 먼저랄 것도 없이 배에서 뛰어내려 육지에 발을 디뎠다. 오랜 시간 배 위에서 지내느라 땅이 그립기도 했지만, 한시라도 빨리 사랑하는 사람들을 만나고 싶은 마음이 훨씬 컸다. 그런 마음이 전해졌는지 어부들의 가족들 역시 모두 항구에 나와 기다리고 있었다. 그런데 이상했다. 가족들의 표정이 밝지 않았다.

"여보, 애들아, 왜 그래? 무슨 일 있어?"

이상한 분위기를 눈치챈 선장이 아내에게 물었다. 그러자 아내는 어두운 표정으로 입을 열었다.

"자꾸 뉴스에 이상한 이야기가 나와서요."

어부들은 한달음에 선장 집으로 몰려가 TV를 켰다. TV에는 "다케시마(독도)는 일본의 영토입니다."라고 말하는 일본 총리의 모습과 일본 시마네 현의 '다케시마의 날' 행사 현장이 방영되고

있었다. 선장은 당황스러웠다. 독도가 일본 땅이라니, 어떻게 저런 말도 안 되는 소리를!

전문가들은 몇 년 동안 조용했던 일본이 다시 독도를 거론하는 이유를 분석했다. 어떤 사람은 '배타적 경제 수역' 때문이라고도 했고, 또 다른 사람은 바닷속 지하자원 때문이라고도 했다. 하지만 정작 독도와 가장 가까이 생활하고 있는 어부들에게는 어떤 말도 와 닿지 않았다. 전문가들이 말하는 경제적 이유와 정치적 이유가 아무리 중요하다고 해도, 왜 남의 나라 땅을 자신의 땅이라고 주장하는 것인지 도무지 이해할 수 없었기 때문이다.

"여보, 이제 우린 어쩌지요?"

"이러다 독도에 가기 힘들어지면 큰일인데……."

모두의 얼굴에 먹구름이 드리워졌다. 말은 하지 않았어도 다들 같은 생각을 하고 있었다. 독도 주변 바다에서 고기잡이하기가 어려워진다면 당장 생활이 힘들어질 게 뻔했다. 모두 고개를 숙이고 한숨을 쉬던 그때, 선장이 벌떡 일어나 소리쳤다.

"대체 무슨 걱정들을 하는 거야! 왜 고개를 숙이고 있어? 독도는 옛날 옛적부터 한국 땅이야. 우리 할아버지 때도, 할아버지의 할아버지 때도 계속 우리 땅이었어. 일본이 계속 저렇게 말도 안 되는 소리를 해도, 독도가 대한민국 땅이라는 사실은 결코 변하지 않는다는 걸 다들 잘 알잖아!"

그제야 어부들은 잠에서 막 깬 듯한 얼굴로 서로를 바라보았다. 그랬다. 누가 뭐라 해도 독도는 대한민국 땅이기 때문에 일본이 아무리 독도를 일본 땅이라고 주장해도 걱정하거나 두려워할 필요가 전혀 없었다.

"그럼. 선장님 말이 맞아."

"그렇지. 저런 말도 안 되는 주장에 우리가 기운 없어 할 필요는 없어. 독도는 우리 대한민국 땅이 확실하니까."

이제야 마음이 편해진 어부들은 각자 집으로 돌아가 고된 고기잡이로 지친 몸을 누이고 모처럼 깊은 단잠에 빠졌다. 비록 내일부터 다시 고기잡이를 하러 바다로 나가야 하지만, 가족과 함께 잠자리에 드는 이 시간만큼은 그 어느 때보다 행복했다.

하지만 선장은 좀처럼 잠이 오지 않았다. 어쩌면 가장 나이 어린 어부가 시간이 흘러 선장이 될 때까지 일본은 독도에 대한 욕심을 버리지 않을지도 모른다는 생각이 들었기 때문이다. 선장의 걱정대로 일본은 지금도 언론과 인터넷을 통해 자신들의 잘못된 주장을 전 세계에 알리고, 어린 청소년들이 배우는 사회 교과서에 독도가

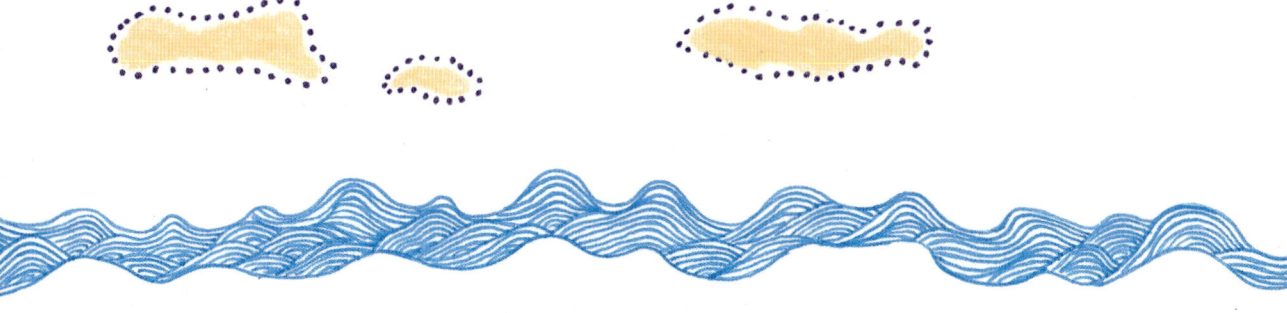

일본 땅이라는 말을 넣어 가르치고 있었다.

선장은 독도를 떠올렸다. 바다 한가운데에서 만난 아름다운 우리 땅 독도와 그 주변에서 묵묵히 고기잡이에 몰두하는 어부들의 모습을. 내일, 다시 고기잡이를 하러 독도로 가면 선장은 독도를 향해 크게 외치기로 결심했다.

"너희들이 아무리 그래도, 독도는 대한민국 땅이다!'

독도는 당당한 대한민국 주소를 가진 우리 땅이에요. 그런데 왜 일본은 자꾸 독도를 일본 땅이라고 주장하는 걸까요? 그 많은 섬들 중에 왜 하필 독도일까요? 일본이 이렇게 주장하는 데에는 경제적, 정치적, 역사적인 이유가 숨어 있답니다.

2
독도를 알아야 독도를 지킨다

동해의 첫째 섬, 독도를 찾아서

 북위 37도 14분 26.8초, 동경 131도 52분 10.4초, 북위 37도 14분 30.6초, 동경 131도 51분 54.6초. 모두 지도에서 독도의 동도(우산봉), 서도(대한봉)의 위치를 가리키는 말이에요. 북위니, 동경이니 하는 어려운 말들이 무슨 뜻인지 잘 이해되지 않지요? 그러면 우리나라 지도에서 쉽게 독도를 찾는 방법을 알려 줄게요. 동해 바다에서 가장 오른쪽에 있는 작은 섬이 독도랍니다. 바로 이곳이 '경상북도 울릉군 울릉읍 독도리 1-96번지(2012년 정부의 도로명 주소 개편에 따라 독도경비대는 '독도리 이사부길 55', 독도 등대는 '독도리 이사부길 63', 주민 숙소는 '독도리 안용복길 3'으로 바뀌었어요.)'라는 당당한 대한민국 주소를 가지고 있는 섬, 독도지요.

울릉도와 독도의 위치 및 거리

울릉도와 독도는 모두 경상북도에 속한 땅이에요. 경상북도 울진군 죽변에서 울릉도까지는 130.3킬로미터, 독도까지는 216.8킬로미터, 울릉도와 독도는 87.4킬로미터, 그리고 독도의 동도와 서도는 151미터 정도 떨어져 있어요. 독도에서 가장 가까운 일본 땅인 오키 섬과 독도는 157.5킬로미터 정도 떨어져 있지요. (독도현황. 정부합동고시 2005년 6월 28일 기준) 독도가 어디에 있는지를 아는 것이 독도를 이해하는 첫걸음이에요.

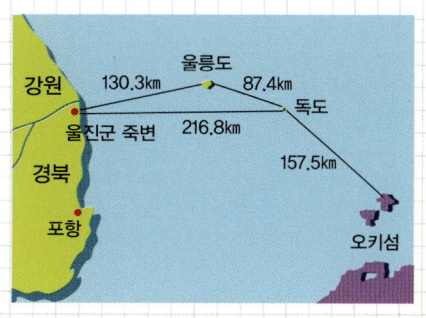

우리나라 대부분의 지도에는 독도가 작은 점 하나로만 표시되어 있어요. 그래서 독도가 하나의 섬이라고 생각하는 사람들이 많지요. 사실 완전히 틀린 말은 아니에요. 먼 옛날, 독도는 지금보다 훨씬 큰 하나의 섬이었거든요. 하지만 긴 세월 동안 파도와 바람을 맞으며 크기가 점점 줄어들었고, 결국 동도와 서도 두 개의 큰 섬과 89개의 작은 바위섬을 이루게 된 것이지요. 그렇다면 과연 독도의 크기는 어느 정도일까요?

사실 바깥에서 본 독도는 울릉도의 약 400분의 1 정도밖에 되지 않는 작은 섬이에요. 하지만 여기에는 놀라운 반전이 숨어 있

화산 활동의 흔적이 보이는 독도 분화구의 모습이에요.

답니다. 우리가 보는 독도의 모습은 사실 바다 밑 화산 활동으로 만들어진 2,000미터가 넘는 해산 꼭대기일 뿐이거든요. 우리나라에서 제일 높은 산인 한라산이 1,950미터 정도이니, 바닷속에 숨겨진 독도의 진짜 덩치가 얼마나 큰지 짐작할 수 있을 거예요. 독도는 많은 사람들이 오해하는 것처럼 작은 섬이 아니랍니다. '작은 고추가 맵다'는 말이 이럴 때 실감나지요.

우리가 독도에 대해 잘못 알고 있는 것이 하나 더 있어요. 많은 사람들이 동쪽 끝에 있다 해서 독도를 '막내 섬'이라고 부르기도 하는데, 이것 역시 잘못된 말이에요. 독도가 동해에 처음으로 모습을 드러낸 때는 약 460만 년 전에서 250만 년 전 사이거든요. 울릉도가 약 250만 년 전에 생겨났고, 제주도는 약 120만 년 전에 생겨난 섬이라고 하니, 독도는 사실 '막내 섬'이 아니라 '첫째 섬'이라고 해야 하지요. 그럼 이제 진짜로 독도를 만나러 가 봐요.

화산섬 독도

독도는 약 460만 년 전에서 250만 년 전 깊은 바닷속에서 일어난 수차례의 화산 활동으로 만들어진 섬이에요. 그래서 독도에는 화산 활동으로 생긴 분화구나 용암이 굳어 생기는 주상 절리 같은 지형을 많이 볼 수 있지요. 우리나라의 울릉도, 제주도, 백두산도 모두 화산 활동으로 생겨났답니다.

3
독도는 보물섬

아름다운 독도의 자연

독도는 우리 땅 한반도에서 꽤 먼 곳에 있는 섬이에요. 독도에서 제일 가까운 섬인 울릉도에서도 무려 87.4킬로미터나 떨어져 있으니까요. 독도에 가려면 포항에서 울릉도까지 배를 타고 3시간, 다시 울릉도에서 배를 타고 2시간 정도 걸리는 힘든 여정을 거쳐야 해요. 이렇게 먼 곳에 있는데도 매년 많은 사람들이 독도를 찾고 있지요.

사람들이 독도를 찾는 데는 여러 가지 이유가 있을 거예요. 일본이 독도를 욕심내는 이유를 알기 위해 직접 독도를 찾는 것일 수도 있고, 정말 독도가 어떤 모습인지 궁금해서일 수도 있고, 한 번도 가 보지 못한 우리나라 동쪽 끝에 대한 호기심일 수도 있지요. 이렇게 다들 여러 가지 이유로 독도를 찾지만, 독도에 발을 내딛는 순간

만큼은 모두 같은 생각이 떠오를 거예요.

"와, 독도 정말 아름답다!"

실제로 독도의 아름다움은 세계에서도 손꼽힐 정도예요. 육지에서 멀리 떨어져서 사람들의 손길이 잘 닿지 않았기 때문에 옛날 자연의 모습 그대로를 간직할 수 있었지요.

독도에 살고 있는 자연의 생명들

독도를 가 본 사람들은 독도 땅의 가파름, 울퉁불퉁함에 놀라곤 해요. 실제로 독도는 화산 활동으로 이루어진 섬이라 섬 자체가 좁고 토양층이 얇으며 대부분이 거친 화산암으로 이루어져 있어요. 게다가 독도는 강한 바닷바람이 계속 불어 동식물이 잘 자랄 수 있는 환경은 아니지요. 하지만 독도에도 약 107종의 조류와 49종의 식물, 93종의 곤충, 160종의 해조류 등(2006년 환경부 국립환경과학원 독도 생태계 정밀조사 보고서 기준)이 살고 있답니다. 이렇게 척박한 바위섬에 뿌리를 내리고 살아가는 식물들을 보면 자연의 위대함을 느낄 수 있지요. 식물이 자라고 있으니 동물도 많이 살고 있을 거라고 생각할 수 있지만, 독도에는 우리가 생각하는 사슴, 토끼와 같은 야생 포유류는 서식하지 않아요. 대신 수많은 철새와 텃새들이 독도와 함께 살고 있지요.

동해 한가운데에 자리한 독도는 철새들에게 굉장히 중요한 곳이에요. 계절이 바뀌면 살기 좋은 곳을 찾아 서식지와 번식지를 옮겨 다니는 철새들에게 독도가 지친 날개를 쉬며 머무를 수 있는 쉼터가 되어 주기 때문이에요. 이러한 철새 중에는 천연기념물로 지정된 바다제비와 슴새도 있어요. 그 밖에도 황로나 백로, 흑비둘기, 매, 독도를 대표하는 천연기념물인 괭이갈매기 등 다양한 새들을 독도에서 만날 수 있답니다.

독도를 대표하는 새인 천연기념물 제336호 괭이갈매기예요.

그런데 이렇게 아름다운 독도에도 슬픈 사연이 있어요. 독도의 터줏대감이었던 강치가 모두 멸종하고 만 것이지요. 바다사자의 일종인 강치는 약 200년 전만 해도 독도에 무려 5만 마리가 살고 있었어요. 하지만 강치 가죽을 노린 일본 어부들의 남획으로 그 수가 급격히 줄어들었어요. 그렇게 매해 수 천 마리의 강치가 사냥되었고 결국 1960년대 이후로 독도에서는 단 한 마리의 강치도 만날 수 없게 되었어요.

그런데 과연 독도의 가치가 아름다운 자연밖에는 없을까요? 그렇지 않아요. 독도는 자연 그 이상의 가치를 가지고 있답니다.

멸종한 독도 강치를 복원한 모습이에요.

천연기념물 독도

독도에 사는 생물만 천연기념물이 아니랍니다. 자연의 모습 그대로를 간직하고 촛대바위, 탕건봉 등 다양한 형태의 바위들이 웅장함을 뽐내는 섬 독도는 그 가치를 인정받아 1982년 천연기념물 제336호 '독도 해조류 번식지'로 지정되었어요.

1999년에는 '독도 천연 보호 구역'으로 명칭이 변경되었고, 2000년에는 '독도 등 도서 지역의 생태계 보전에 관한 특별법'에 의해 특정 도서로 지정되어 관리되고 있지요. 사진은 독도 서도에 있는 아름다운 촛대바위(왼쪽)와 삼형제굴바위(오른쪽)의 모습이에요.

대한민국의 황금 어장, 독도

흔히 독도를 우리나라 황금 어장이라고 해요. 독도 주변 바다에서는 추운 북쪽에서 내려오는 차가운 북한 한류와 더운 남쪽에서 올라오는 따뜻한 동한 난류가 만나요. 그래서 차가운 물을 좋아하는 대구, 명태, 연어, 숭어 같은 물고기와 따뜻한 물을 좋아하는 꽁치, 오징어 같은 물고기가 모두 모이고 물고기들의 먹이가 되는 플랑크톤도 아주 풍부하지요.

독도에서 특히 많이 잡히는 물고기는 오징어예요. 오징어잡이 철인 9월, 10월이 되면 오징어잡이 배가 켜 놓은 불빛이 밤새도록 독도를 밝힌답니다. 또 소라나 전복, 다시마, 미역 같은 해조류도 독

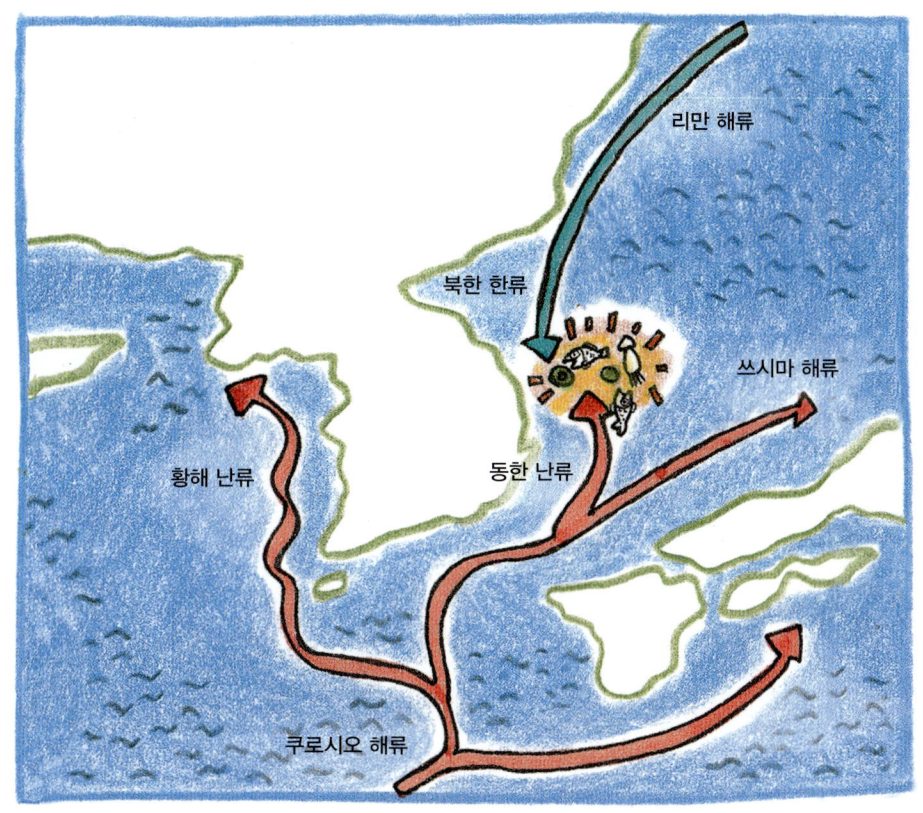

독도 주변의 해류

도 바다가 자랑하는 주요 특산물이에요.

이뿐만이 아니에요. 독도 바다는 많은 해양 생물들이 안심하고 알을 낳을 수 있는 산란처 역할도 한답니다.

물고기를 너무 많이 잡지만 않는다면, 독도는 앞으로도 계속 대한민국의 건강한 밥상을 책임지는 황금 어장 역할을 할 수 있을 거예요.

미래 에너지, 메탄 하이드레이트를 품은 독도

독도와 독도 주변 바다에는 희귀한 동식물, 다양한 종의 물고기와 조류, 미생물 외에도 많은 천연자원이 묻혀 있어요. 그중 가장 많은 관심이 쏠리고 있는 자원이 바로 '메탄 하이드레이트'랍니다.

메탄 하이드레이트는 불을 붙이면 활활 타오르는 신기한 덩어리예요. 하얗게 듬성듬성 얼룩진 모양이 얼음과 비슷하지만 불을 붙이면 타오른다고 해서 '불타는 얼음'이라는 별명을 가지고 있지요. 그런데 왜 이 '불타는 얼음'에 관심을 갖는 걸까요?

불타는 얼음, 메탄 하이드레이트

메탄 하이드레이트는 깊은 바닷속 미생물의 활동이나, 바닷속 메탄가스가 낮은 온도와 높은 압력에 영향을 받아 단단하게 굳어진 것이에요. 그래서 불을 붙이면 가스처럼 확 타오르는 것이지요. 독도 주변에는 약 6억 톤 정도의 메탄 하이드레이트가 묻혀 있는데, 그 가치가 무려 150조 원에 달한다고 해요.

메탄 하이드레이트 단면

사실 메탄 하이드레이트의 존재는 일찍부터 알려져 있었어요. 하지만 그때는 석유나 천연가스가 풍부했기 때문에 많은 사람들의 주목을 받지 못했지요. 하지만 요즘은 전 세계적으로 석유나 천연 가스 같은 에너지 자원이 많이 부족해지면서 새로운 지하 에너지 자원을 개발하는 기술이 더욱 발달하게 되었어요. 그러자 그 전까지는 크게 주목받지 못했던 메탄 하이드레이트가 21세기의 새로운 에너지 자원으로 떠오른 거예요. 게다가 이 메탄 하이드레이트가 묻혀 있는 땅속에는 아직 발견되지 않은 엄청난 양의 천연가스와 석유가 묻혀 있을 가능성도 높아요.

동해에서 메탄 하이드레이트를 찾는 모습이에요. 실제로 2007년 6월에 독도 주변에서 메탄 하이드레이트를 채취하는 데 성공했어요.

그렇기 때문에 석유나 석탄 같은 에너지 자원 대부분을 수입해 쓰는 한국과 일본은 이런 막대한 천연자원이 묻혀 있는 땅이 더욱 중요할 수밖에 없지요. 그래서 우리나라는 1995년부터 메탄 하이드레이트를 연구하기 시작해 동해 바닷속에 메탄 하이드레이트가 존재한다는 사실을 알아냈어요. 그리고 지금도 이 메탄 하이드레이트를 우리 생활 속에서 사용할 수 있도록 많은 연구와 노력을 기울이고 있지요.

하지만 이런 메탄 하이드레이트는 우리나라뿐만 아니라 미국, 러시아 주변 바다에도 많이 묻혀 있어요. 물론 일본 주변 바다에도 많은 양이 묻혀 있지요. 하지만 자칫 그 주변을 잘못 탐사했다가는 지진이 일어날 수도 있어요. 그래서 일본은 비교적 안정적인 우리나라 독도 근처의 메탄 하이드레이트에 주목한 것이에요. 독도는 우리의 미래 에너지 확보를 위해서도 무척 중요한 곳이랍니다.

4
독도를 짝사랑하기 시작한 일본

독도가 일본 땅이라고 주장하기 시작한 일본

일본이 지금처럼 독도를 일본 땅이라고 주장하기 시작한 직접적인 계기가 있었어요. 1905년 2월, 일본이 독도에 '다케시마'라는 이름을 붙이고 일본 시마네 현 땅으로 편입하겠다고 시마네 현 고시로 발표한 것이지요. 어떻게 이런 일이 가능했을까요? 일본은 그때 일을 이렇게 말하고 있어요.

"당시 독도는 주인 없는 땅이었다. 만일 독도가 대한 제국 땅이었다면, 당시 대한 제국 정부가 항의했을 것이다. 하지만 항의는 없었다. 그래서 독도는 자연스럽게 일본의 영토가 된 것이다!"
라고요. 하지만 일본이 잘못 알고 있는 것이 있답니다.

잘못된 역사의 시작, '을사조약'

일본이 몰래 독도를 일본 땅으로 편입했던 1905년 2월에는 일본이 대한 제국의 정치와 경제에 본격적으로 간섭하던 시기였어요. 그래서 대한 제국 정부는 이를 제대로 항의하기 어려웠어요. 그리고 일본은 독도를 자신들의 땅으로 몰래 만들었다는 사실을 무려 1년이나 지나서야 알렸답니다.

우리 땅을 빼앗겼는데 어떻게 가만히 있었는지 의문을 갖는 사람도 있을 거예요. 당시 우리나라의 상황은 몹시 비참했어요. 1895년에는 명성 황후가 시해되었고, 1904년 2월에 일본은 서울로 군대를 몰고 와서 러일 전쟁을 선포하고 대한 제국을 보호하겠다는 명목으로 대한 제국의 정치, 군사, 외교에 간섭하겠다는 의도가 담긴 '한일 의정서'를 강제 체결했어요.

게다가 1905년 11월에는 대한 제국의 외교권을 박탈한다는 '을

1905년 을사조약이 체결됐던 경운궁(지금의 덕수궁) 중명전의 모습이에요. 이곳은 우리나라 최초의 신식 도서관이었다가 후에 고종 황제의 집무실로 사용되기도 했어요.

사조약(을사늑약)'까지 강제로 맺게 되지요.

그래서 당시 대한 제국 황제였던 고종은 일본에 직접 항의하지 못하는 대신 일본 모르게 미국이나 독일 같은 강한 나라에 비밀스럽게 사신을 보내고 헤이그에 '헤이그 특사'를 파견하면서 밀사 외교를 펼치려 했어요.

"일본과 강제로 맺은 을사조약과 일본이 대한 제국을 침략하여 빼앗은 영토는 모두 무효다!"라고 알리기 위해서요.

문제의 씨앗이 된 샌프란시스코 평화(강화) 조약

일본이 독도를 일본 땅이라고 주장하게 된 또 다른 역사적인 사건은 바로 샌프란시스코 평화(강화) 조약 때문이에요. 미국을 비롯한 48개의 나라와 일본이 맺은 이 조약은 일본에 점령당한 우리 땅을 되돌려준다는 내용을 담고 있어요.

그런데 이 조약에는 독도가 빠져 있었어요. 일본은 조약에 독도의 이름이 없기 때문에 독도가 일본 땅이 되었다고 주장하고 있지요. 하지만 이건 일본의 착각이에요. 독도는 일본 영토에도 포함되어 있지 않으니까요.

그렇게 시간이 흘러 1965년, 우리나라와 일본은 다시 교류를 맺는다는 '한일 협정'을 체결해요. 그리고 일본은 한동안 독도에 대한 이야기를 꺼내지 않지요.

하지만 1970년대에 들어 일본은 다시 독도에 대한 욕심을 서서히 드러내더니 마침내 1977년 당시의 일본 후쿠다 다케오 수상이 '독도는 일본 땅'이라고 공개적으로 말하기에 이르지요. 게다가 같은 해에 미국지명위원회에서 독도의 이름을 '독도(Dokdo)'에서 '리앙쿠르 암(liancourt rocks)'으로 바꿔 표기하기로 결정해요.

우리나라는 이에 맞서 독도 주변의 12해리(약 22킬로미터)가 대한민국의 바다라는 사실을 전 세계에 선포했지요. '만약 일본이 독도 근처에 접근한다면 영토 침범으로 생각하고, 전쟁도 불사하겠다!'는 강한 의지를 보인 것이에요.

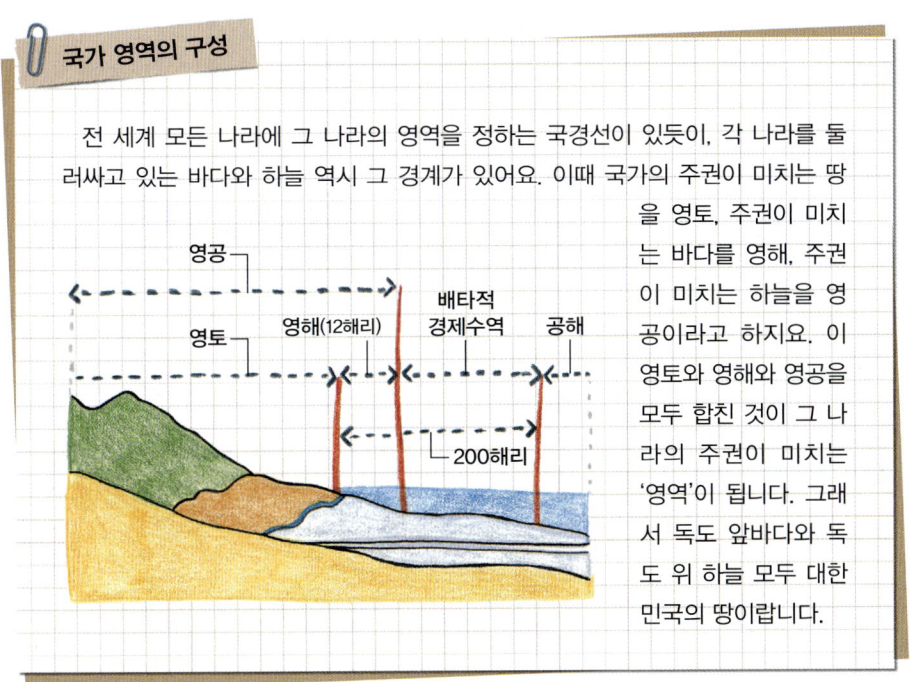

국가 영역의 구성

전 세계 모든 나라에 그 나라의 영역을 정하는 국경선이 있듯이, 각 나라를 둘러싸고 있는 바다와 하늘 역시 그 경계가 있어요. 이때 국가의 주권이 미치는 땅을 영토, 주권이 미치는 바다를 영해, 주권이 미치는 하늘을 영공이라고 하지요. 이 영토와 영해와 영공을 모두 합친 것이 그 나라의 주권이 미치는 '영역'이 됩니다. 그래서 독도 앞바다와 독도 위 하늘 모두 대한민국의 땅이랍니다.

독도 문제를 증폭시킨 200해리 배타적 경제수역(EEZ)

　그러던 중에 일본이 더욱 신 날 일이 생겨요. 1994년 UN이 '200해리 배타적 경제수역(EEZ)'을 결정했거든요. 이것은 한 국가가 자국 영토에서 200해리(약 370킬로미터) 이내의 바다에서 고기잡이를 하거나 바닷속 자원을 개발하는 등 경제적인 주권 행사에 정당한 권리가 있다는 것을 인정하는 내용이에요. 그러자 일본은 1965년에 맺은 한일 어업 협정이 낡았으니 새로운 기준인 '200해리 배타적 경제수역(EEZ)'에 맞춰 새 어업 협정을 맺자고 주장하면서 1998년 일

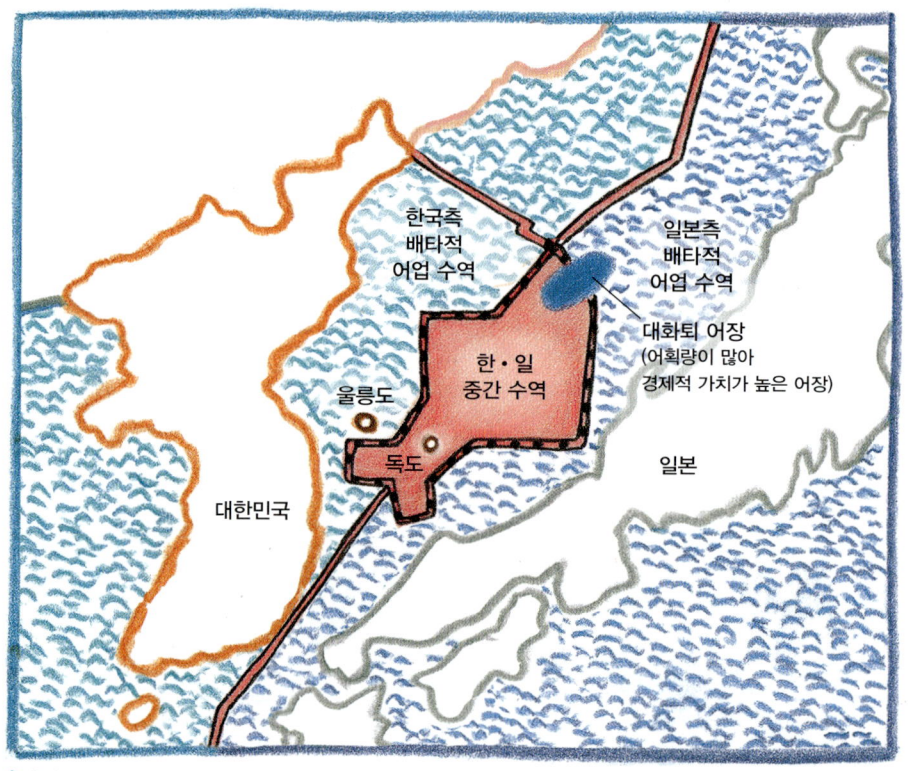

신 한일 어업 협정에 의한 수역

방적으로 한일 어업 협정을 파기하지요.

　대한민국과 일본은 새로 '신 한일 어업 협정'을 맺고 동해를 반으로 갈라 대한민국 쪽의 바다, 일본 쪽의 바다로 나누려 했어요. 그런데 문제가 있었어요. 각 나라의 영토를 기준으로 200해리까지를 그 나라의 바다로 결정하는데, 대한민국과 일본 사이의 거리가 400해리가 채 되지 않았거든요. 이런 경우에는 양국이 주장하는 각 나라 영토 경계의 중간 지점에서 바다를 나누어야 해요. 대한민국은 독도를 해양법상 배타적 경제수역 200해리 기점으로 내세울 수 없는 암초로 간주해, 우리나라의 울릉도와 일본의 오키 섬 가운데에 경계선을 긋자고 제안했어요. 그런데 처음에는 우리 측 제안을 수용할 것 같던 일본이 교섭 막바지에 일본 측 기점으로 독도를 내세워 울릉도와 독도 사이에 경계선을 긋자고 고집피웠어요. 결국 독도 주변 수역은 어느 나라 쪽 수역인지 결정되지 않은 채 소위 '중간 수역'이 되었어요. 대한민국과 일본은 이 협정의 결정이 양국의 영토 주장에 영향을 주지 않는다고 합의했지만 우리나라에서는 지금도 신 한일 어업 협정에 대한 찬반 논쟁이 거세게 일어나고 있어요.

　이렇게 시작된 일본의 독도 짝사랑은 지금도 계속되고 있어요. 우리도 이제 대한민국이 왜 독도의 주인인지 확실하게 알아야 해요. 해외 여러 나라에도 그 사실을 바르게 알려야 하고요. 이제부터 독도가 대한민국의 땅인 이유를 역사적으로, 객관적으로 하나씩 알아봐요.

일본이 모르는 독도의 진실 01

예부터 독도는 대한민국 땅이었어요. 지금도 독도의 땅과 하늘 모두 대한민국이 정당하게 지배하고 있지요. 일본이 아무리 독도 영유권을 주장해도 독도가 한국 영토로 귀속된 데에 세계 어느 나라도 이의를 제기하지 않아요. 옛날부터 지금까지 언제나 한민족 곁을 지켰던 독도는 든든한 우리 경찰이 지키고 있는 아름다운 대한민국 땅이랍니다.

일본 주장 1
지금 대한민국은 독도를 불법으로 점거하고 있습니다.

대한민국은 독도를 불법 점거하면서 독도에 자국 경찰을 두고 감시소와 등대를 설치해 독도를 지키고 있습니다.

대한민국이 현재 독도에서 취하고 있는 모든 조치는 국제법으로도 아무런 근거가 없습니다. 그래서 일본은 대한민국에 엄중한 항의를 거듭하며 독도에서 취하고 있는 행동을 하루빨리 철회하기를 요구하고 있습니다.

한국 주장 1
독도와 독도의 하늘 모두 대한민국 영토와 영공입니다.

대한민국은 처음으로 독도의 존재를 알고 있었던 나라입니다. 6세기부터 독도를 공식적으로 지배하기 시작한 우리나라는 현재에도 정당하게 독도를 지배하고 있습니다. 그러나 일본은 17세기 중반이 되어서야 비로소 독도를 제대로 알았습니다.

또한 현재 모든 외국 항공기는 대한민국의 허가 없이 독도 상공을 지나갈 수 없습니다. 그러니 독도와 독도의 하늘 모두 대한민국 영토와 영공인 것은 당연합니다. 게다가 독도를 방문하려면 일본 땅이 아닌 대한민국 땅을 통해서만 들어갈 수 있습니다. 따라서 독도는 대한민국이 정당하게 지배하고 있는 땅입니다.

일본 주장 2

주일 미군이 독도에서 폭격 훈련을 한 것은 독도가 일본 땅이라는 증거입니다.

미군이 제2차 세계 대전에서 패한 일본을 점령하고 있던 1950년 7월, 주일 미군은 독도를 해상 폭격 훈련 구역으로 사용했습니다.

그러던 1952년 2월 주일 미군이 독도를 계속 폭격 훈련 구역으로 사용하고 싶다는 의사를 전달해 왔습니다. 이에 일본과 미국이 맺은 행정 협정에 따라 '합동 위원회'에서 주일 미군이 사용하는 폭격 훈련 구역 중 하나로 독도를 지정했습니다.

'합동 위원회'는 일본 국내의 시설 또는 구역을 결정하는 협의 기관의 임무를 수행하는 곳이었습니다. 따라서 합동 위원회가 독도를 주일 미군의 폭격 훈련 구역으로 지정한 것은 독도가 일본의 영토라는 증거입니다.

한국 주장 2

대한민국이 독도 폭격 훈련에 항의하자 미군은 즉각 훈련을 중지했습니다.

대한민국은 주일 미군이 대한민국 땅 독도에서 폭격 훈련을 한다는 사실을 알고 1952년 11월 10일 미국 정부에 즉각 항의 각서를 보내 당장 훈련을 중지하도록 요구했습니다.

그 결과 미국은 1953년 1월 20일 문서를 보내 독도를 폭격 훈련 구역에서 해제하겠다는 의사를 밝혔습니다.

독도가 일본 땅이라면 미국은 대한민국의 항의를 받아들이지 않고 계속 독도에서 폭격 훈련을 했을 것입니다. 그러나 미국이 대한민국의 항의를 받아들여 독도에서 폭격 훈련을 중지하기로 결정한 것은 미국이 대한민국의 독도 영유권을 인정했다는 증거입니다.

일본 주장 3

대한민국은 독도 주변을 순찰하던
일본 해상 보안청 순시선에 총격을 가했습니다.

독도가 폭격 훈련 구역에서 해제된 뒤, 일본은 다시 일본 어민들이 독도에서 조업을 할 수 있도록 했습니다. 그런데 1953년 7월 독도 근해에서 대한민국 어민들이 불법으로 조업을 하고 있는 것을 목격하고 일본의 해상 보안청 순시선이 대한민국 어민들에게 독도에서 철수하라고 말했습니다. 그런데 대한민국의 관헌들이 오히려 일본 측에 총을 쏘는 사건이 일어났습니다.

그리고 1954년 8월 독도 주변을 항해하던 일본 해상 보안청 순시선이 또다시 한국의 경비대에 총격을 당했습니다. 이것은 일본이 결코 이해할 수 없는 행동입니다.

한국 주장 3

총격을 가한 것은 대한민국 땅 독도에 대한
대한민국의 정당한 주권 행사였습니다.

1952년 1월 대한민국 정부는 동해 어족 자원을 보호하고 독도를 지키기 위해 '인접 해양에 대한 주권에 관한 선언'인 '해양 주권 선언'을 선포하고 해양 주권선(평화선)을 설정했습니다. 그러나 일본은 '이승만 라인'이라고 부르며 인정하지 않았습니다.

일본에 총격을 가한 시기는 이 해양 주권 선언 선포 이후입니다. 이 선언으로 독도는 대한민국 영토 안에 포함되었기 때문에 당시 일본 어선은 독도 근해에서 조업을 할 수 없었습니다.

따라서 대한민국은 독도 근해에 불법으로 들어와 대한민국 어민들을 위협한 일본 해상 보안청 순시선에 정당하게 주권을 행사한 것입니다.

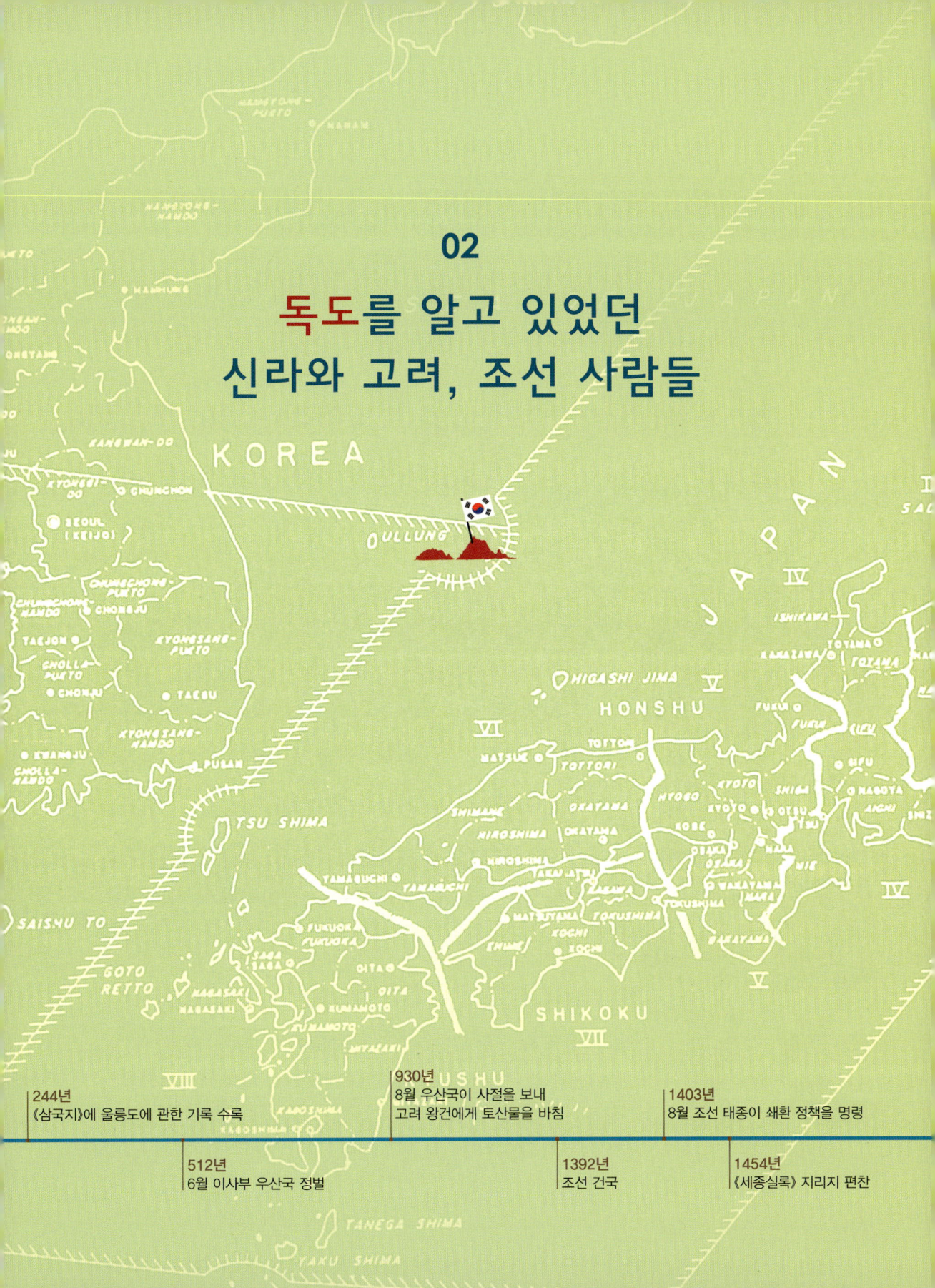

02
독도를 알고 있었던 신라와 고려, 조선 사람들

244년
《삼국지》에 울릉도에 관한 기록 수록

512년
6월 이사부 우산국 정벌

930년
8월 우산국이 사절을 보내 고려 왕건에게 토산물을 바침

1392년
조선 건국

1403년
8월 조선 태종이 쇄환 정책을 명령

1454년
《세종실록》 지리지 편찬

1
울릉도를 정복한 신라 장군 이사부

'하아, 어쩐다. 명을 어길 수도 없고…….'

달이 저물어 가는 이른 새벽, 이사부 장군은 잠을 이룰 수 없었다. 서라벌(지금의 경주)에서 내려온 지증왕의 명령 때문이었다.

"하슬라주(지금의 강릉) 군주 이사부는 지금 당장 군사를 이끌고 우산국을 정벌하여 신라의 힘을 보여 주도록 하라."

조그마한 세력이었던 우산국은 신라의 속국이어야 마땅한데, 그러기는커녕 오히려 신라를 얕보는 것 같았다. 이대로 우산국을 가만히 둔다면 백제와 고구려 역시 신라를 가볍게 볼 게 뻔했다. 신라 충신 이사부 역시 당장이라도 우산국을 치고 싶었다. 하지만 우산국이 섬나라인 것이 문제였다.

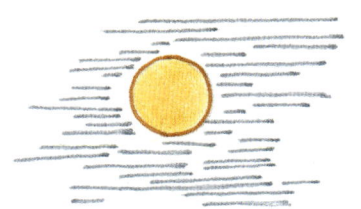

'수많은 배를 이끌고 가는 것 자체가 보통 일이 아니다. 게다가 풍랑이라도 만난다면 모두 물고기 밥이 될 테고. 그렇다고 적은 수의 병사만 데리고 가는 것 역시 위험할 것이다. 게다가 우산국 사람들은 거칠기로 소문이 자자하지 않던가.'

지금 이사부에게 필요한 것은 힘이 아니라 지혜였다. 싸우지 않고 우산국을 무릎 꿇릴 만한 지혜 말이다. 그때 탁자에 놓인 작은 사자 조각상이 눈에 띄었다. 신라 장인들의 뛰어난 솜씨로 만든 나무 사자는 당장이라도 살아 움직일 것 같았다.

그 순간 이사부에게 좋은 생각이 번뜩 떠올랐다.

찌는 듯한 더위가 계속되던 6월, 우산국으로 향하는 배에 몸을 맡긴

신라군 병사들의 마음은 불안하기 짝이 없었다. 심지어 이사부를 험담하는 병사들도 있었다.

"설마 우산국 사람들이 이런 작전에 속기나 하겠어?"

"내 말이. 이러다 비웃음만 당하고 돌아오는 거 아닐까?"

"그 정도면 다행이지. 그놈들이 확 덤벼들기라도 하면 우린 꼼짝없이 저승길 신세라고."

병사들의 불만을 아는지 모르는지, 뱃머리에 선 이사부는 끝없이 펼쳐진 바다를 지켜보고만 있었다.

시간이 얼마나 흘렀을까, 드디어 우산국이 모습을 드러내기 시작했다. 이사부는 칼을 빼 들고 소리쳤다.

"전군 위치로! 내 말대로만 행동한다면 피 한 방울 흘리지 않고 승리할 것이다. 모두 나를 믿고 따르라!"

자신감 넘치는 이사부의 말에 병사들은 준비한 것을 꺼냈다.

한편 우산국의 장수들은 신라군이 쳐들어온다는 소식을 듣고 얼른 병사들을 모아 바닷가로 향했다. 그런데 보이는 것이라고는 겨우 배 몇 척뿐이었다. 우산국 장수와 병사들은 초라한 신라군을 보며 낄낄거렸다.

"저 신라 놈들이 쳐들어온 게 아니라 항복하러 온 모양이로구나. 그렇지 않으면 저렇게 올 리 없지 않으냐."

"장군, 이왕 왔으니 저놈들을 모두 노예로 삼아 버리시지요."

긴장이 풀린 우산국 병사들이 농담을 주고받는 사이에 이사부가 바닷가에 모습을 드러냈다.

"우산국은 듣거라! 너희들의 오만 방자함이 하늘을 찔러 나 이사부가 직접 너희들을 토벌하러 왔다. 지금이라도 우리 신라에 충성을 맹세하고 공물을 바친다면 목숨만은 살려 주겠다."

말이 끝남과 동시에 이상한 짐승 소리가 터져 나왔다. 우산국 사람들은 평생 한 번도 들어본 적 없는 소리였다. 주변을 살피던 우산국 병사들은 깜짝 놀랐다. 바닷가에 생전 처음 보는 맹수들이 서 있었던 것이다. 이사부는 다시 한 번 외쳤다.

"만약 지금 항복하지 않는다면 이 사자들로 우산국을 공격하겠다! 사자가 얼마나 무서운 동물인 줄 아느냐? 앞발을 한 번 흔들었다 하면 나무도 쓰러지고, 이빨로 물었다 하면 뼈도 추리지 못한다. 자, 어떡할 테냐!"

우산국 장수의 귀에는 이사부의 말이 하나도 들리지 않았다. 사자들을 보자마자 잔뜩 겁을 먹은 탓이었다. 다리가 후들거리고 손이 벌벌 떨릴 지경이었다. 간신히 정신을 차린 우산국 장수는 한 손을 번쩍 들며 외쳤다.

"내, 내, 내가 그 정도에 겁먹을 줄 아느냐. 여봐라! 모두 돌격하라!"

우산국 장수가 이사부를 향해 손을 뻗었지만 주변은 조용하기만 했다. 무슨 일인가 싶어 뒤돌아본 장수는 깜짝 놀랐다. 병사들의 절반은 이미 도망친 뒤였고, 나머지 절반은 선 채로 굳어 있었기 때문이다. 그 모습을 본 우산국 장수는 조용히 말했다.

"항복하겠습니다! 신라에 항복하겠습니다!"

우산국을 정벌하고 돌아오는 신라군의 배는 한마디로 축제 분위기였다. 그제야 이사부가 얼마나 지혜로운지 깨달은 병사들은 입이 마르도록 이사부를 칭송했다. 그중에는 그 무서운 사자의 등에 올라타 "이사부 장군 만세!" 하고 외치는 병사도 있었다.

사실, 그 사자들은 진짜 사자가 아니었다. 이사부는 나무로 깎아 만든 실제 크기의 사자 조각상들을 보여 주고, 신라 병사들에게 사자 소리를 내도록 명령했던 것이었다.

결국 우산국은 가짜 사자들에 겁을 먹고 항복했고, 이사부는 신라 최고의 명장으로 이름을 드높일 수 있었다.

 신라 이사부 장군이 복속시킨 '우산국'은 울릉도와 독도를 뜻합니다. 독도는 울릉도에 속하는 섬이기 때문에, 독도를 알기 위해서는 울릉도를 아는 것이 중요하지요. 울릉도의 역사를 알아야 독도에 대해 더 많이 이해할 수 있답니다.

2
독도를 알기 위해 먼저 알아야 할 곳, 울릉도

울릉도를 알아야 독도가 보인다

독도의 주인이 누구인지 알기 위해서는 '어느 나라가 독도를 알고 있었는지'가 중요해요. 사자를 보지 못해서 진짜 사자와 가짜 사자를 구분하지 못한 우산국 사람들처럼, 독도라는 섬이 있는지 없는지조차 알지도 못하면서 우리 땅이라고 말할 수는 없으니까요.

지금 일본은 '옛날부터 독도는 일본의 고유 영토였고 1905년 근대법에 맞게 독도를 일본 영토로 편입시켰다.'고 주장해요. 과연 이 말이 사실일까요? 그러면 과연, 우리나라는 정확히 언제부터 독도라는 섬이 있다는 걸 알았을까요? 이것을 밝히기 위해서 먼저 알아야 할 곳이 있어요. 바로 울릉도예요. 울릉도 사람들은 분명히 독도를 '알고' 있었을 테니까요.

독도를 알고 있던 울릉도 사람들

사실 울릉도 사람들이 독도를 알고 있었던 이유는 굉장히 단순해요. 눈에 보였기 때문이지요. 울릉도와 독도는 꽤 멀리 떨어져 있지만, 두 섬 사이를 가로막는 장애물은 아무것도 없어요. 그래서 날씨가 맑은 날에는 울릉도에서 독도가 아주 잘 보이지요.

그런데 옛날에는 이렇게 '눈으로 볼 수 있다'는 사실이 정말 중요했어요. 눈에 보이면 찾아가 보고 싶은 것이 사람들의 본능이니까요. 또한 이것은 먼 옛날 나라를 세우고 영토를 정할 때 가장 기본이 되는 개념이었어요. 당시에는 인구 수에 비해 상대적으로 땅이 넓었기 때문에 그야말로 먼저 차지하는 사람이 그 땅의 주인이 될 수 있었어요.

역사책에서 '자신을 따르는 무리와 함께 살기 좋은 땅을 찾아 떠났다.'라는 구절이 자주 나오는 것도 이런 이유 때문이지요. 그러니 울릉도에 사는 사람이 저 멀리 독도를 볼 수 있었다면 독도 역시 자신들의 땅이라고 생각하는 건 매우 자연스러운 일이지요.

그렇다면 과연 옛날 저 멀리 독도를 볼 수 있는 '사람'이 울릉도에 살고 있었을까요? 사실 섬은 사방이 바다로 둘러싸여 있고 먹을 물을 구하기도 쉽지 않아서 사람이 살기 좋은 환경

울릉도에서 바라본 독도의 모습이에요.

은 아니에요. 그렇지만 울릉도는 달랐어요. 울릉도에는 사람이 살고 있었답니다.

울릉도 사람들에 대한 첫 기록

우리나라 땅에 세워진 최초의 국가는 단군 왕검이 세운 고조선이라는 나라예요. 우리나라의 본격적인 역사는 바로 이 고조선에서부터 시작되지요.

그렇다면 그 전에는 우리나라에 아무도 살지 않았던 걸까요? 그렇지 않아요. 우리나라 땅에는 고조선 이전에도 분명 사람이 살고 있었답니다. 한반도에서 발견되는 돌도끼나 그릇 같은 유물, 고인돌 등을 통해 고조선이 세워지기 훨씬 전에도 이 지역에 사람들이 살았다는 것을 알 수 있지요.

울릉도에서 발굴된 유물이에요. 이 유물들은 대부분 신라 시대 것이랍니다. 이것은 울릉도가 당시 신라의 영향권 안에 있었다는 것을 의미하지요.

그런데 이런 유물들이 울릉도에서도 발견되었어요. 울릉도 곳곳에서 발견된 수십 개의 옛 무덤과 유물들이 먼 옛날 이곳에도 사람이 살았다는 것을 보여 주지요.

하지만 앞서 말했듯이 섬은 사람이 살기 쉬운 환경은 아니에요. 그런데 놀랍게도, 울릉도에는

《삼국지》와 《삼국지연의》

《삼국지》라고 하면, 많은 사람들이 대부분 유비, 관우, 장비가 나오는 이야기를 생각해요. 하지만 그 이야기가 담긴 책의 정식 이름은 《삼국지연의》로, 중국의 위, 촉, 오 삼국 시대를 그린 역사 소설이랍니다. 울릉도에 대한 이야기가 나오는 《삼국지》는 중국과 인근 나라들에 대해 쓴 역사 지리책이지요. 가상의 이야기가 덧붙은 소설과 실제 사실을 적은 지리책은 분명히 다르답니다.

적어도 청동기 시대부터 사람이 살고 있었다고 추정되고 있어요.

울릉도 사람들에 관한 가장 오래된 기록은 옛 중국의 역사서인 《삼국지》에서 찾을 수 있어요. 여기에는 고구려 역사 속 울릉도 사람들에 대한 이야기가 남아 있지요.

244년, 고구려를 침략하러 온 중국 위나라 장수 관구검은 고구려의 수도였던 환도성을 함락시켰어요. 당시 고구려 왕이었던 동천왕은 부리나케 남쪽으로 몸을 피했고, 관구검은 자신의 부하인 왕기에게 동천왕을 추격하라고 명령하지요. 명령을 받고 지금의 함경남도 쪽까지 내려가 동천왕을 찾던 왕기는 동천왕이 동해 바다 건너 섬으로 피했을 지도 모른다는 생각을 했어요. 그래서 그 지역 사람들을 불러 바다 동쪽에도 사람이 사냐고 물었지요. 그러자 노인이 대답했어요.

"한번은 제가 배를 타고 나갔을 적에 풍랑을 만나 동쪽 바다 가

운데 있는 어떤 섬에 도착한 적이 있었습니다. 그런데 그 섬에 살고 있던 사람들과 말이 잘 통하지 않았습니다."

  이 노인이 말한 '동쪽 바다 가운데 있는 어떤 섬'이 바로 울릉도예요. 동해에 사람이 살 만한 섬은 울릉도밖에 없으니까요.

3
신라의 지배를 받은 우산국

신라를 강국으로 만든 지증왕

이사부가 활약했을 당시 신라의 왕은 지증왕이었어요. 그전까지 신라는 고구려와 백제의 침략을 간신히 막아 내던 작은 부족 국가에 지나지 않았어요. 왕 대신 '으뜸가는 품계'라는 뜻의 마립간이라는 칭호를 썼고, 나라 이름 역시 신라가 아니라 사라나 사로 등으로 불렸지요.

그럴 때 홀연히 나타난 사람이 바로 지증왕이에요. 64세의 늦은 나이로 마립간이 된 지증왕은 '왕'이라는 호칭을 처음으로 쓰고 나라 이름을 '신라'로 정한 뒤 본격적으로 중앙 집권 국가의 면모를 키워 나가요. 이사부는 지증왕이 신라를 중앙 집권 국가로 세우는 과정에서 막중한 역할을 맡았어요.

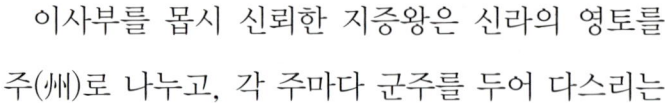

이사부를 몹시 신뢰한 지증왕은 신라의 영토를 주(州)로 나누고, 각 주마다 군주를 두어 다스리는 제도를 마련했는데, 이때 가장 먼저 만든 실직주(지금의 삼척)의 군주로 이사부를 임명했지요.

신라 안을 탄탄히 다진 지증왕의 관심은 바다로 향했어요. 이웃 나라 백제가 서해 바닷길을 통해 중국이나 일본과 무역하는 것을 보았거든요. 지증왕은 신라가 바다로 뻗어 나가기 위해 동해 한가운데 있는 우산국을 가장 먼저 정복해야 한다고 생각했어요. 그래서 자신이 가장 믿는 이사부에게 우산국을 정벌하라는 임무를 맡긴 것이지요.

나무 사자로 우산국을 정벌한 신라 이사부 장군

이사부는 512년 6월에 우산국을 정벌하러 떠났어요. 그리고 나무로 깎아 만든 가짜 사자들만으로 우산국을 함락시켰지요. 아마 이 사실을 믿지 못하는 사람들도 있을 거예요. 하지만 이 이야기는 신라의 역사서인《삼국사기》에 또렷이 적혀 있어요.

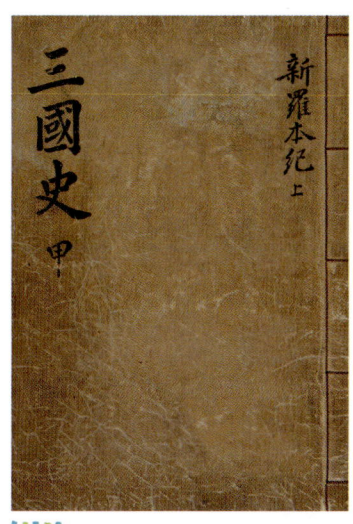 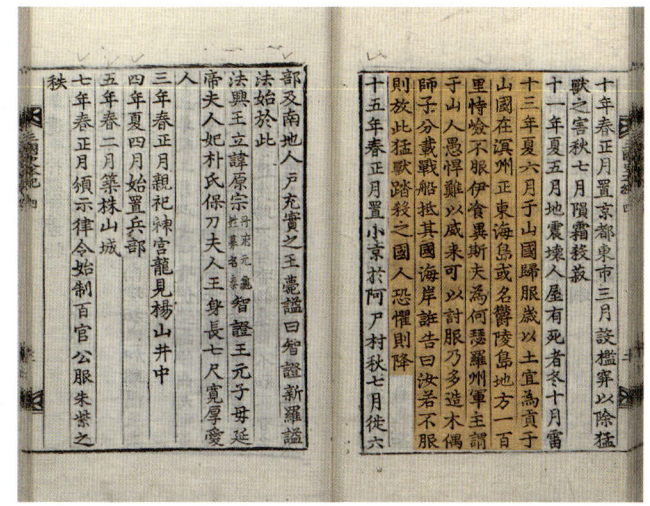

1145년 고려 왕 인종의 명령을 받아 김부식이 중심이 되어 편찬한 《삼국사기》예요.
이 책은 우리나라에 지금까지 남아 있는 역사책 중 가장 오래된 역사책으로 고구려, 백제, 신라의 역사를 다뤘어요.

그렇다면 우산국 사람들은 정말 어리석어서 가짜 사자를 보고 겁을 먹은 것일까요?

그렇진 않을 것입니다. 우산국 사람들은 이사부가 오기 전까지 진짜 사자의 모습을 한 번도 본 적이 없었기 때문에 진짜와 가짜를 구별할 수 없었을 거예요. 게다가 태어나서 처음 보는 나무 짐승의 모습은 그 자체만으로도 엄청난 공포였을 테지요.

그렇게 신라의 지배를 받게 된 우산국은 해마다 신라에 토산물을 바쳤어요. 울릉도에 속하는 섬이었던 독도 역시 신라의 지배를 받게 되었지요. 결국 지증왕과 이사부는 지금 우리에게 울릉도와 독도를 물려준 선조가 되는 셈이랍니다.

고구려와 백제에 승리하고 삼국을 통일한 신라

《삼국사기》에 이사부의 우산국 정벌이 기록된 뒤로 한동안 신라의 기록에는 우산국의 이름이 등장하지 않아요. 그만큼 신라가 우산국을 다스리는 데 큰 문제가 없었다는 뜻이에요. 하지만 시간이 갈수록 상황은 조금씩 변했어요.

중앙 집권 국가로 나라 안팎을 탄탄히 한 신라는 본격적으로 삼국 통일의 꿈을 키웠어요. 군사를 모으고 당시 북쪽에서 가장 힘이 셌던 당나라와 손을 잡지요. 그리고 660년에는 백제에, 668년에는 고구려에 승리하여 마침내 삼국을 통일했어요. 또 신라는 고구려의 영토를 넘보던 당나라를 쫓아내고 백제와 고구려를 다시 일으키려는 부흥 운동도 막고 새로 일어난 나라 발해를 견제하며 무척 바쁜 시기를 보내지요.

그렇다면 당시 우산국 사람들은 무엇을 하고 있었을까요? 아마도 한반도 땅의 흥망성쇠를 지켜보고 있었을 거예요. 통일을 이룬 신라가 세력을 떨치는 모습부터 약해지기까지 모든 것을 보았겠지요.

10세기 무렵, 후백제와 후고구려가 건국되어 통일 신라의 위세가 흔들리기 시작했어요. 그리고 930년, 드디어 우산국의 사절들이 움직이기 시작했어요. 먼 길을 떠날 채비를 단단히 하고 배에 올랐지요. 그리고 우산국 사절들이 탄 배는 고려로 향합니다.

4
울릉도와 독도를 다스린 고려와 조선

떠오르는 나라 고려에 충성을 맹세한 우산국

930년은 왕건이 세운 고려, 견훤이 세운 후백제, 통일신라의 경순왕이 한반도를 놓고 전쟁을 벌이던 후삼국 시대의 막바지였어요. 바로 그 해에 우산국 사절 두 명이 고려의 왕건을 찾아왔지요.

당시 통일 신라는 힘을 잃어 점점 쇠퇴하고 있었어요. 그에 반해 고려는 930년 고창 전투에서 후백제를 크게 이기고 삼국 재통일의 기반을 닦고 있었지요.

조선의 김종서, 정인지 등이 세종대왕 때 편찬하기 시작해 1451년에 완성한 역사서 《고려사》예요. 여기에 울릉도에서 온 사절 두 명이 고려에 토산물을 바쳤다는 내용이 남아 있답니다.

모든 것을 지켜보고 있었던 우산국은 고려가 후삼국을 통일할 것이라고 생각했을 거예요. 그래서 백길과 토두를 사절로 보내 고려의 태조 왕건에게 토산물을 바쳤지요. 왕건은 기뻐하며 두 사절들에게 고려의 관직을 내렸답니다.

그리고 936년, 후백제와 통일 신라의 항복을 받아 낸 고려는 마침내 후삼국을 통일했어요.

완전히 고려 땅이 된 울릉도와 독도

우산국이 512년에는 신라에 항복하고 930년에는 고려로 사절을 보내 토산물을 바치고 충성을 맹세했다고는 해도, 그때까지 우산국은 아직 하나의 나라였어요. 고려 초까지만 해도 당시의 여러 기록

질 좋은 울릉도의 나무

당시 원은 중국에서 가장 큰 위세를 떨치던 나라였어요. 고려에 승리한 원은 그 기세를 몰아 바다 건너 일본까지 침략하려고 했지요. 하지만 말을 타는 민족이라 수군이 약했던 원은 강한 수군을 갖고 있던 고려에 바다를 건널 배를 만들게 합니다. 또 울릉도 나무가 견고하고 튼튼하다는 말을 듣고 울릉도 나무로 배를 만들라고 하지요. 원이 일본과 전쟁을 일으키려던 계획은 실패로 돌아갔지만, 울릉도와 독도가 고려의 지배를 받는 땅이었다는 것을 알 수 있지요.

에는 '우산국'이라는 이름이 그대로 사용되었으니까요.

하지만 점점 시간이 지나면서 우산국은 완전히 고려 땅이 되었어요.

기록에도 우산국이 아닌 '우릉', '무릉' 등의 이름으로, 우산국의 왕 대신 성주라는 호칭으로 남게 되었지요. 이렇게 울릉도와 독도는 자연스레 고려의 영토가 되었답니다.

그런데 13세기에 이르자 고려의 힘은 점점 약해졌어요. 북쪽에서 세력을 떨치고 있던 원에 무릎을 꿇고 많은 간섭을 받게 된 것이지요. 게다가 고려가 약해진 틈을 타 북쪽의 홍건적과 남쪽의 왜구들까지 고려로 쳐들어와 노략질을 일삼았어요.

원의 오랜 간섭으로 힘이 많이 약해진 고려는 이들을 막아 내기가 몹시 힘들었어요. 하지만 고려의 장수들과 백성들은 꿋꿋이 나라를 지켜 냈지요. 그중에서도 가장 뛰어난 활약을 한 장수가 바로 조선을 건국한 이성계였어요.

조선을 건국한 태조 이성계의 모습이에요.

고려에 이어 울릉도와 독도를 다스린 조선

1388년 북쪽의 명나라가 고려가 원으로부터 되찾은 쌍성 총관부

1667년 '사이토 호센'이라는 일본 관리가 기록한 《은주시청합기》에는 울릉도와 독도가 일본 영토 외의 땅, 즉 조선의 영토라는 사실이 기록되어 있어요.

를 돌려달라고 하자 고려 우왕은 전쟁을 결심하고 이성계에게 요동으로 가서 명과 싸우라고 명령했어요. 하지만 이성계는 명과 함부로 싸워서 이길 수 없다고 생각했어요. 결국 이성계는 북쪽 압록강 하류의 위화도에서 군사를 돌려 개경으로 돌아왔어요. 정권을 잡은 이성계는 1392년 여러 신하들의 지지를 받으며 조선을 건국합니다. 그리고 조선은 고려를 멸망시킨 자신들이 울릉도와 독도의 주인이라는 사실을 정확하게 알고 있었어요.

울릉도를 비우라고 명령한 태종

울릉도는 조선의 세 번째 왕 태종 때에 다시 역사에 등장합니다. 바로 태종이 실시한 '쇄환(刷還) 정책' 때문이지요. 쇄환 정책은 울릉도에 살고 있는 조선 사람들을 모두 본토로 데리고 오라는 명령이었어요. 왜 잘 살고 있는 사람들을 모두 데리고 오라고 한 걸까요? 여기에는 다 이유가 있었어요.

울릉도에 살던 사람들 중에는 도망자 신분으로 숨어 살던 사람들이 있었어요. 조선은 백성들에게 많은 세금과 의무를 지게 했는데,

그 중에서 군역은 백성들이 가장 기피하는 것 중 하나였어요. 군역은 고향을 떠나 한양이나 지방 군사 기지로 가서 나라를 지키는 군인으로 일하는 의무예요. 군인으로 뽑히면 자기 할 일을 다 제쳐두고 군대에 가야 했으며 필요한 여비는 물론 말과 무기까지 모두 준비해야 했어요. 군역을 져야 하는 가난한 농민들은 이를 모두 감당할 수 없었지요. 그래서 군역을 힘겹게 여긴 사람들이 가족을 이끌고 도망칠 곳을 찾다가 바다 건너 울릉도까지 가게 된 거예요. 태종은 이런 사람들이 계속 늘어나면 군대에 갈 사람이 없어 나라가 흔들릴 거라고 생각했어요.

게다가 울릉도는 본토에서 꽤 멀리 떨어져 있어서 왜구의 침략을 제때 막아 내기가 어려웠어요. 그래서 태종은 차라리 그 섬을 비우

는 게 낫다고 생각한 것이지요.

　태종의 쇄환 정책은 세종대왕 때까지 이어졌고, 몇 차례에 걸쳐 울릉도에 사는 사람들을 본토로 데려왔어요. 그러나 쇄환 정책을 실시하는 데는 어려움이 많았어요. 간신히 사람들을 데려와도 어느새 또 울릉도로 도망가는 사람들이 생겼어요. 게다가 울릉도로 향하던 배가 풍랑을 만나 배에 탄 사람들 절반 이상이 목숨을 잃는 일도 일어났어요. 한편 세종대왕은 쇄환 정책을 펴면서 왜구의 울릉도 침입을 걱정했어요. 그래서 왜구들의 본거지였던 대마도를 공격해 정벌하는 데에도 힘을 쏟았지요.

이름이 여러 개였던 울릉도와 독도

　왜구 출몰도 골칫거리였지만, 울릉도와 독도의 이름이 여러 개인 것도 보통 일이 아니었어요. 울릉도에 살던 사람들은 울릉도를 옛 우산국의 이름을 따 '우산도'라고 불렀지만, 한반도 본토에 살던 사람들은 울릉도를 '울릉도', '우릉도', '무릉도' 등으로 불렀어요. 게다가 1412년 울릉도에서 표류해 온 사람들이 "우리는 유산국도에서 왔다."고 하는 바람에 조선 관리들은 '유산국도'라는 다른 섬나라가 있다고 착각하기도 했지요. 이것은 울릉도 사람들의 방언을 조선 관리들이 정확히 받아쓰지 못한 결과이기도 하지요.

5
독도의 진짜 이름

울릉도와 독도의 이름을 하나로 정한 세종대왕

신라 시대부터 고려 시대까지는 독도의 이름이 정확히 '무엇'이라고 말하기 어려워요. 신라와 고려의 입장에서는 독도의 이름을 특별히 정할 필요가 없었을 거예요. 그때는 독도보다 울릉도가 더 중요했으니까요. 아마 독도는 '울릉도 가까이에 있는 섬' 정도였을 거예요.

조선이 독도의 존재를 명확히 알게 된 건 바로 쇄환 정책 덕분이에요. 울릉도에 여러 번 다녀가다 보니 독도가 눈에 띈 것이지요. 그렇게 세종대왕 때에 이르러서야 울릉도와 독도는 명확한 이름을 갖게 되었어요.

세종대왕 때인 1454년 조선의 모든 영토의 위치를 상세히 기록한

《세종실록》 지리지가 편찬되었어요. 이 책에는 울릉도와 독도를 정확히 구분하여 기록해 놓았지요. 울릉도는 무릉(무릉도), 독도는 우산(우산도)라고 말이에요.

《세종실록》 지리지에 나타난 울릉도와 독도의 이름

《세종실록》 지리지는 울릉도와 독도를 이렇게 설명하고 있어요.

> 우산과 무릉 두 섬은 (울진)현의 정동(正東)쪽 바다 가운데에 있다. 두 섬이 서로 거리가 멀지 않아 날씨가 맑으면 가히 바라볼 수 있다. 신라 때는 우산국 또는 울릉도라고도 했는데 지방은 100리다.
>
> -《세종실록》 지리지, 강원도, 삼척도호부, 울진현(1454)

울릉도와 독도에 관한 내용이 담긴 《세종실록》 지리지의 기록 일부예요.

그런데 일본은 이 '우산'이 울릉도 동쪽 약 2킬로미터 거리에 있는 현재의 '죽도'라고 주장하고 있어요. 하지만 이 기록을 좀 더 꼼꼼히 살펴보면 일본의 주장이 잘못됐다는 걸 금방 알 수 있어요. 눈비가 아무리 많이 온다고 해도 울릉도에서는 죽도가 언제나 잘 보이거든요. 그런 곳을 '날씨가 맑으면 가히 바라볼 수 있다.'고 쓸 리는 없지요.

그렇다면 울릉도 근처에 있고, 날씨가 맑아야만 보이는 섬은 어디일까요? 바로 독도 하나뿐이랍니다.

울릉도에서 바라본 죽도의 모습이에요. 울릉도에서 겨우 2킬로미터 정도밖에 떨어져 있지 않은 죽도는 눈비가 아무리 많이 와도 울릉도에서 잘 보이지요.

요도와 삼봉도

세종대왕 때 동해에 울릉도가 아닌 '요도'라는 섬에 많은 사람들이 살고 있다는 소문이 났어요. 그래서 세종대왕은 사람을 시켜 그 섬을 찾게 했지만, 실제로 존재하지 않는 섬이라는 걸 알았어요.

성종 때에도 동해에 울릉도가 아닌 '삼봉도'라는 섬이 있다는 이야기가 돌았지만, 이것 역시 근거 없는 소문으로 밝혀졌어요.

독도의 이름이 '삼봉도'였다는 이야기도 있지만, 《성종실록》의 기록을 보면 '삼봉도'는 존재하지 않는 섬으로 결론났다고 되어 있어요. 아마 당시 사람들이 울릉도를 '삼봉도'로 착각한 것일 거예요.

세월이 흐르면 이름도 변한다

일본은 울릉도와 독도의 이름이 시대마다 변한 것을 들먹이면서 이것은 신라와 고려, 조선이 울릉도와 독도에 대해 잘 모르고 있었다는 증거라고 억지 트집을 잡아요. 그럴 때 우리는 당당히 말해야 합니다. "이름은 시대가 바뀌면 변하는 거야!"라고요.

울릉도 사람들의 방언

"경해놔사 모랜 중중됨신지 모르쿠다게."

이 문장이 무슨 뜻일까요? 아마 한국말이 아닐 거라고 생각하는 사람도 있을 거예요. 하지만 슬며시 웃는 사람도 있을 거예요. 바로 제주도 사람들이에요. 이 말은 '그렇게 하면 무슨 뜻인지 모르겠습니다.'라는 뜻의 제주도 방언이에요. 어떻게 한국말이 이렇게까지 바뀔 수 있을까요? 그건 제주도가 섬이기 때문이에요.

옛날에는 바다를 건너 섬으로 가려면 목숨을 걸어야 할 정도로 위험했어요. 그래서 육지와 섬은 교류가 많지 않았지요. 그렇게 시간이 흐르면서 육지와 섬의 말이 조금씩 달라지기 시작했어요. 지금도 서울 말, 전라도 말이 조금씩 다른 것처럼 섬이라는 특징 때문에 훨씬 더 독특한 방언이 생겨나는 것이지요.

조선 태종 때 울릉도에서 표류해 온 사람들이 자신들을 '유산국도'에서 왔다고 말한 적이 있었어요. 유산국도와 우산국, 다르지만 느낌은 비슷하지요? 그건 아마도 울릉도의 방언이었을 거예요. 앞서 《삼국지》에서 '말이 잘 통하지 않았다.'는 노인의 말을 떠올려 보세요. 이미 그때부터 한반도 본토와 울릉도는 말이 서로 달라지기 시작한 것이랍니다.

지금 대한민국의 수도는 서울이지요. 그러면 먼 신라 시대 때에도 서울의 이름이 서울이었을까요?

먼 옛날, 서울은 백제의 수도였어요. 그 이름도 서울이 아닌 '위례성'이었지요. 그러다가 통일 신라 시대에는 '한산주'였다가 후에 다시 '한양군'으로, 고려 시대에는 '양주목'이라고 불렸다가 '남경'으로 남경에서 다시 '한양부'로 바뀌지요. 조선 시대에는 '한양부'에서 '한성부'로, 그리고 일제 강점기에는 '경성부'였다가 광복 이후 마침내 오늘날의 '서울시'가 되었어요.

서울의 이름도 시대에 따라 몇 번이고 바뀌었답니다. 그런데 이름이 바뀌었다 해서 달라진 게 있나요? 서울이라는 땅이 다른 곳으로 가 버리기라도 했나요? 그렇지 않지요. 이름만 바뀌었을 뿐 서울은 언제나 같은 자리에 있어요.

울릉도와 독도 역시 마찬가지예요. 시대에 따라 부르는 명칭이 조금씩 달랐을 뿐, 울릉도와 독도가 우리 땅이라는 사실은 변하지 않는답니다.

일본이 모르는 독도의 진실 02

15세기 중반에 기록된 《세종실록》 지리지에는 울릉도와 독도가 울진현(지금의 강원도)에 속하는 섬이라는 사실이 명확하게 적혀 있습니다. 이러한 사실은 17세기 중반에 편찬된 일본 문서 《은주시청합기》에서도 찾아볼 수 있습니다. 이 문서에도 울릉도와 독도가 일본 영토 외의 땅, 즉 조선 땅이라고 기록되어 있습니다. 이렇듯 조선은 울릉도와 독도를 비워 놓았지만 이 두 섬이 조선 땅이라는 사실을 꾸준히 일본에 알렸습니다.

일본 주장 1
일본은 일찍부터 독도를 알고 있었던 나라입니다.

일본은 예부터 독도를 '마쓰시마(송도)'로, 울릉도를 '다케시마(죽도)'나 '이소다케시마'로 부르고 있었습니다.

이 두 섬의 명칭이 유럽의 탐험가들 때문에 잠시 혼란스러웠던 적은 있지만, 일본이 독도와 울릉도를 알고 있었다는 것은 1667년의 《은주시청합기》와 같은 문서만 봐도 알 수 있습니다.

한국 주장 1
대한민국은 일본보다 먼저 독도를 알고 있었습니다.

1454년에 편찬된 조선의 《세종실록》 지리지에는 일본의 사이토 호센이 편찬한 《은주시청합기》보다 무려 213년이나 앞서 독도를 '우산도'로 부르며 알고 있었다는 기록이 나옵니다.

또한 《은주시청합기》에 울릉도와 독도는 일본 영토가 아닌 것으로 기록되어 있는 것을 2001년 한 일본인 교수가 밝혀냈습니다. 이에 대한 비판은 아직까지 나오지 않고 있습니다.

일본 주장 2

**대한민국은 독도에 대해
잘 모르고 있습니다.**

　대한민국은 조선이 울릉도와 우산도라는 2개의 섬을 각각 따로 인식하고 있었으며 당시 우산도가 오늘날의 독도라고 주장하고 있지만, 《삼국사기》에는 512년 우산국이었던 울릉도가 신라 영토가 되었다는 기록만 있을 뿐 우산도에 관한 것은 없습니다.

　또한 조선의 다른 문헌들에는 '우산도'에 많은 사람이 살고 큰 대나무가 많다는 등 오히려 울릉도를 떠올리게 하는 내용이 많습니다. 따라서 한국은 독도를 잘 몰랐던 것이 분명합니다.

한국 주장 2

**대한민국은 독도를
가장 잘 알고 있는 나라입니다.**

　《세종실록》 지리지에는 우산국은 무릉(울릉도)과 우산(독도)으로 이루어져 있었으며 날씨가 맑으면 보인다는 말까지 분명히 기록되어 있습니다.

　이것은 세종대왕이 울릉도 등지에 사는 사람들을 본토로 데려오는 쇄환 정책을 실행하는 과정에서 알게 된 정보를 반영한 것입니다. 몇몇 문헌에서 '우산도'라는 이름이 나오지 않거나, 우산도에 대해 제대로 설명하지 못했다고 해도 《세종실록》 지리지의 기록을 통해 당시 사람들이 울릉도와 독도의 존재를 정확히 알고 있었다는 것을 알 수 있습니다.

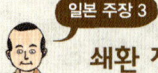

일본 주장 3

쇄환 정책은 울릉도와 독도를 포기한 것과 다름없습니다.

조선 태종이 울릉도와 독도에 살던 사람들을 모두 본토로 데려오는 쇄환 정책을 실시하기로 한 것은 울릉도와 독도를 포기한 것과 다름없는 정책입니다. 사람이 잘 살고 있는 섬을 왜 비워 놓았겠습니까?

한국 주장 3

쇄환 정책과 울릉도와 독도를 포기한 것은 다릅니다.

조선에서 실시한 쇄환 정책은 섬을 비워 놓기 위한 정책이지 울릉도와 독도를 포기한 정책이 아닙니다. 당시 울릉도와 독도에 왜구가 자주 출몰했고 죄를 짓고 한반도 본토에서 울릉도로 도망가는 사람들이 있었기 때문에 태종은 더 큰 피해를 막기 위하여 울릉도 사람을 본토로 데려오는 쇄환 정책을 펼친 것입니다.

또한 조선은 울릉도와 그 주변 섬들이 조선 땅이라는 사실을 항상 일본에 알렸습니다. 따라서 조선의 쇄환 정책은 울릉도와 독도를 비워 놓았을 뿐이지, 결코 울릉도와 독도를 포기한 정책이 아닙니다.

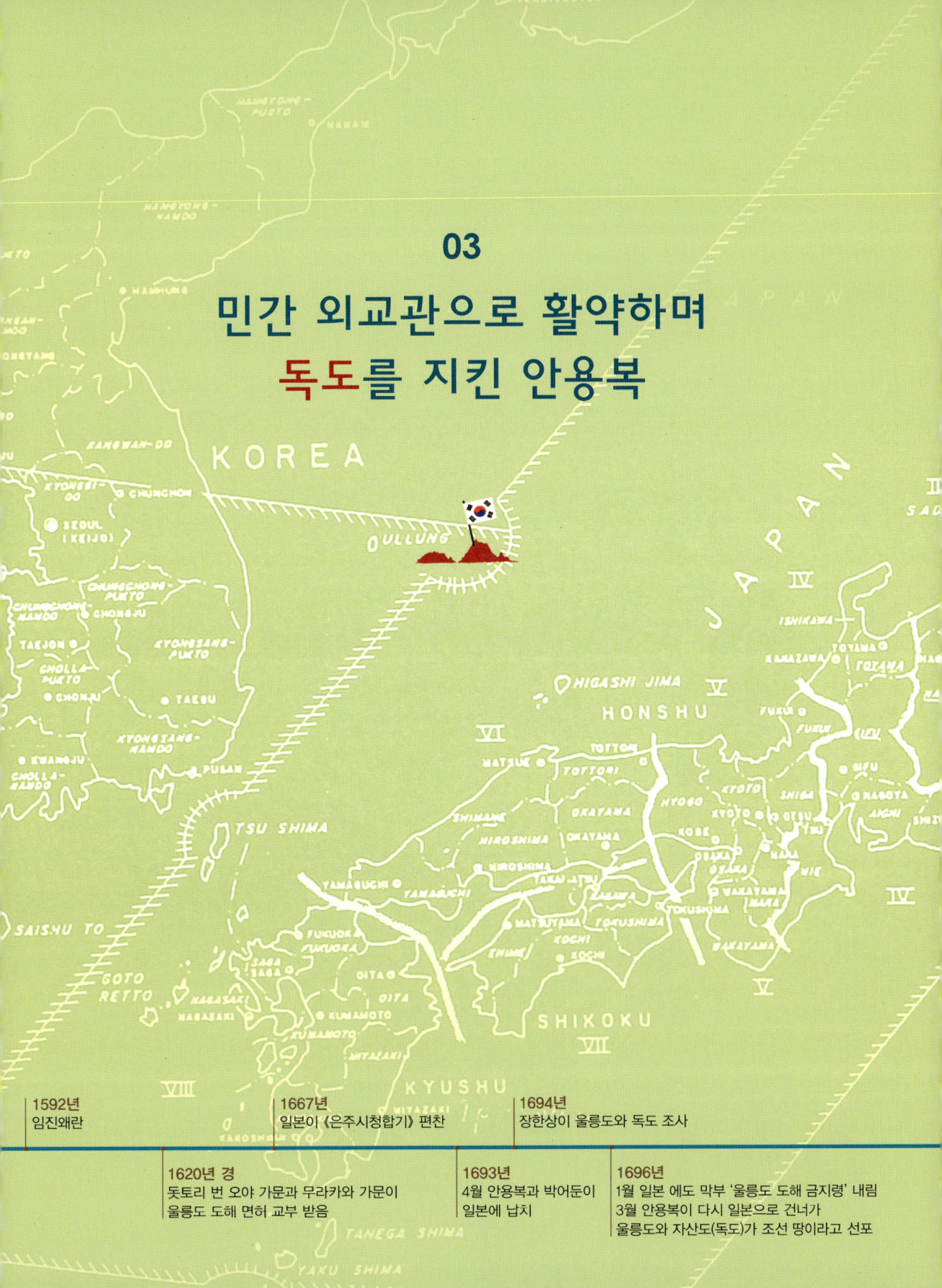

03
민간 외교관으로 활약하며
독도를 지킨 안용복

1592년
임진왜란

1620년 경
돗토리 번 오야 가문과 무라카와 가문이
울릉도 도해 면허 교부 받음

1667년
일본이 《은주시청합기》 편찬

1693년
4월 안용복과 박어둔이
일본에 납치

1694년
장한상이 울릉도와 독도 조사

1696년
1월 일본 에도 막부 '울릉도 도해 금지령' 내림
3월 안용복이 다시 일본으로 건너가
울릉도와 자산도(독도)가 조선 땅이라고 선포

1
누가 죽을 죄를 지었는가!

"당연히 사형에 처해야 합니다! 나라의 법을 어긴 죄인이지 않습니까!"

"하지만 자신의 이익을 채우려고 한 건 아니지 않습니까. 조선을 위해 한 일이니,

사형은 너무 심한 형벌입니다."

"나라를 위한 일이라고 해서 법을 어긴 것을 눈감아 주라는 것입니까? 그러다 너도 나도 나라를 위한답시고 법을 어기면 나라가 대체 어떻게 되겠습니까!"

"그것은 지나친 생각입니다!"

조선의 19대 왕 숙종은 머리가 지끈거렸다. 양쪽 의견 모두 다 맞는 말이기에 딱히 어느 편을 들기가 난처했다. 숙종은 신하들에게 말을 멈추라 명하고 몰래 한숨을 쉬며 영의정 남구만을 불렀다.

"부르셨습니까, 전하."

"내가 골치가 다 아플 지경일세. 영의정은 이 일을 어떻게 생각하는가? 그대의 의견을 듣고 싶네."

남구만은 생각에 잠겼다. 조선 정부를 들끓게 한 죄인이라, 대체 그 자가 지은 죄가 무엇이기에……. 숙종의 처소에서 나온 남구만은 죄인이 붙잡혀 있는 비변사의 관리를 불러 이것저것 물었다.

"이 자는 그저 평범한 동래(부산) 출신 어부로, 일본에 가서 울릉도와 자산도(독도)가 조선 땅이라고 확실히 못 박고 왔다는 이야기만 계속 하고 있습니다."

남구만은 고개를 끄덕이고 조용히 입을 열었다.

"내가 아무래도 그 자를 만나 봐야겠다. 은밀히 자리를 만들라."

깊은 밤, 비변사의 가장 외진 방에 영의정 남구만과 죄인이 앉아 있었다. 죄인은 떨리는 목소리로 물었다.

"소인은 이제 죽는 겁니까?"

남구만이 대답을 하지 않자 죄인은 모든 걸 포기한 듯 허탈하게 웃으며 다시 입을 열었다.

"그렇군요……. 하지만 상관없습니다."

죽어도 상관없다니! 남구만은 놀란 마음을 애써 가라앉히며 조용히 물었다.

"그 말은 네 잘못을 안다는 것이냐?"

그러자 죄인의 얼굴이 살짝 굳어졌다.

"잘못이라니요, 대체 소인이 무엇을 잘못했다는 것입니까."

"네 놈은 허락도 없이 일본에 다녀왔다! 게다가 일개 어부인 주제에 조선의 관리를 사칭했어!"

남구만의 호된 호통에도 죄인은 눈 하나 깜짝하지 않고 당당히 말했다.

"소인은 단지 참을 수 없었을 뿐입니다. 저와 제 동료가 일본 어부들에게 납치당해 수모를 당하고 돌아와도, 내 나라 조선은 아무런 조치를 취하지 않았으니까요."

남구만은 말문이 막혔다. 남구만의 얼굴을 똑바로 바라보고 있는 죄인의 이름은 바로 안용복이었다.

동래에 살았던 안용복은 일본어를 잘했다. 쇄환 정책으로 울릉도에 가는 것이 금지되어 있었던 1693년, 안용복은 다른 어민들과 함께 울릉도로 향했다. 그곳에서 안용복은 조선 땅인 울릉도로 몰래 넘어와 나무를 베고 고기잡이를 하던 일본인 어부들을 발견하고 크게 항의하다 도리어 그들에게 납치를 당했다.

안용복은 일본의 오키 섬과 돗토리 번을 거쳐 대마 번으로 가게 되었는데 오키 섬과 돗토리 번에서와는 달리, 대마 번에서 큰 고초를 겪어야 했다. 조선 땅인 울릉도를 탐내던 대마 번주가 안용복을 '일본 영토를 넘어온 죄인'으로 여긴 것이다. 대마 번 사람들은 안용복과 그의 동료 박어둔을 동래에 있는 왜관으로 데려가 90일이나 가두어 두었다가 놓아주었다. 그런데 더 기막힌 일이 일어났다. 안용복이 겪은 억울한 일을 조선 관리들이 믿어 주지 않았던 것이다.

3년 뒤, 안용복은 동료 열 명과 함께 다시 일본으로 가서 울릉도와 독도는 조선의 영토이니 더는 접근하지 말라고 당당히 선포하기로 결심했다. 울릉도와 독도에 들어온 일본 어부들을 쫓다 큰 폭풍을 만난 안용복은 원래 가려고 했던 돗토리 번이 아닌 오키 섬에 도착하게 되었다. 안용복은 오키 섬 관리들에게 울릉도와 독도가 조선의 영토라고 주장하고, 다시 돗토리 번으로 가서 그곳의 번주를 만나 울릉도와 독도가 조선의 영토라고 표시된 지도를 꺼내 보여 주며 모든 사실을 이야기하고 당당히 조선에 돌아왔다.

그러나 안용복은 조선에 돌아오자마자 죄인이 되어 이곳 비변사까지 끌려온 것이다.

"전하. 이렇듯 나라를 걱정하여 일본의 욕심을 꺾은 안용복의 행동을 업신여길 수만은 없사옵니다."

남구만은 진심 어린 목소리로 숙종에게 안용복의 선처를 아뢰었다. 한참을 고민한 숙종이 마침내 결단을 내렸다.

"안용복을 유배형에 처하라."

간신히 목숨을 건져 먼 곳으로 유배를 간 안용복은 그렇게 역사에서 사라졌다.

 안용복은 17세기 말에 두 번이나 일본에 가서 울릉도와 독도가 조선 땅이라는 사실을 알린 인물이에요. 안용복은 일본 관리들을 직접 찾아가 울릉도뿐 아니라 독도까지 조선의 영토라는 것을 명확히 알린 장본인이랍니다.

2
일본으로 납치당한 안용복

조선 시대 동래관(왜관)의 모습이에요. 임진왜란 후 일본과 다시 교류를 시작한 조선은 동래(지금의 부산)에 '동래관'을 설치해 일본인들이 동래까지만 들어올 수 있도록 허락했어요.

17세기 조선과 일본

조선이 나라의 기틀을 탄탄히 다져가는 동안 일본은 과연 무엇을 하고 있었을까요? 당시 일본은 크고 작은 여러 나라들이 서로 끊임없이 전쟁을 벌이던 때라 정국이 무척 혼란하고 복잡했어요. 그러다 17세기가 다 되어서야 일본은 다시 통일을 이뤘지요. 일본을 통일한 도요토미 히데요시는 조선과 명나라를 정복하겠다는 생각을 하고 있었다가 마침내 1592년 조선을 침략했지요. 그것이 바로 임진왜란이에요.

7년 동안이나 계속된 전쟁은 조선에 많은 상처를 남겼어요. 그 때문에 조선은 전쟁이 끝나고 몇 년이 지난 1607년에야 다시 일본과 교류를 시작했지요. 하지만 조선은 일본에 완전 개항하지 않고 오직 대마 번과 동래(지금의 부산)에서만 교류를 허락했어요. 그리고 대마 번의 관리들에게 이렇게 요구했지요.

"울릉도와 독도는 조선의 영토이니 일본인들이 접근할 수 없다는 사실을 확실히 알고 있어야 한다!"

울릉도를 70년 동안 왕래했던 일본 상인들

하지만 일본 돗토리 번 어부들은 약 1620년부터 무려 70년이 넘도록 울릉도를 몰래 왕래했어요. 풍부한 해산물과 튼튼한 나무가 자라던 울릉도는 바다의 보물 창고라고 해도 과언이 아니었지요.

하지만 울릉도는 조선 땅이었기에 일본인들이 함부로 들어갈 수 없는 곳이었어요.

그래서 돗토리 번의 어부 '오야'와 '무라카와' 가문 사람들은 당시 일본 에도 막부의 관리들에게 많은 선물을 주고 그 대가로 울릉도를 다니며 경제 활동을 할 수 있는 증명서인 '울릉도 도해 면허'를 교부 받아요. 돗토리 번 어부들은 이 울릉도 도해 면허를 갖고 약 70년 동안이나 울릉도에서 물고기도 잡고 나무도 베며 엄청난 이익을 얻었습니다.

일본이 진정 원했던 땅, 울릉도

이상하지 않아요? 일본이 독도를 욕심내는 이유를 알아보기로 해 놓고서는 정작 일본이 독도가 아닌 울릉도에 욕심이 있었다는 것만 잔뜩 설명하고 있으니까요. 여기에는 다 이유가 있답니다. 이때까지만 해도 일본이 진짜 원했던 땅은 독도가 아니라 바로 울릉도였거든요.

당시 독도는 울릉도에 비해 그 가치가 덜 알려진 섬이었어요. 작고 험한 섬인 독도에는 사람이 많이 살 수 없었고, 농사를 지을 땅도 심지어 마실 물도 충분하지 않았으니까요. 하지만 울릉도는 달랐어요. 울릉도는 사람이 살기에 좋은 환경이었어요. 당시 울릉도에 대한 기록은 많지만 독도에 대한 기록이 별로 없는 것도 이런 이유 때문이에요. 그래서 당시의 일본 사람들도 독도가 아닌 울릉도에 관심을 가진 것이랍니다. 일본 무로마치 막부 시대 때 대마 도주가 조선 태종에게 대마도 사람들이 살 수 있게 해 달라고 부탁했던 섬도 울릉도였고, 돗토리 번 어부들이 불법으로 교부 받은 도해 면허에 해당하는 섬도 울릉도였어

사람이 많이 살고 있는 울릉도의 현재 모습이에요.

요. 또한 울릉도는 안용복의 활약과도 관련이 깊은 곳이지요.

하지만 당시 조선과 일본 양국 모두 울릉도의 주인이 독도의 주인이라는 사실을 명백하게 알고 있었어요. 당시에도 독도를 울릉도에 속한 섬으로 생각했으니까요.

납치는 당했지만 귀한 대우를 받았던 안용복

울릉도는 분명 조선 땅이었지만 일본 관리가 불법으로 발급한 도해 면허 덕에 일본 돗토리 번 사람들은 울릉도에 자주 갔어요. 그렇다면 울릉도에서 조선 어부와 일본 어부가 마주치는 일도 분명히 있었겠지요.

두 나라 백성들은 아마 같은 생각을 했을 거예요. '저것들이 왜 여기에 왔지?' 하고 말이에요.

그런데 정말 두 나라 어부들 사이에 다툼이 일어났어요. 그러다 일본 어부들은 일본어를 할 줄 아는 조선 어부 안용복과 동료 박어둔을 납치해 일본의 오키 섬으로 데려간 다음, 두 사람을 조사하고 나서 돗토리 번으로 데려갔어요.

그런데 이상하게도 돗토리 번주는 납치되어 온 안용복과 박어둔을 아주 후하게 대접했어요. 왜였을까요? 아마 돗토리 번주는 처음

안용복이 일본에서 받은 울릉도 문서

일본에 납치된 안용복은 관백(쇼군)에게 울릉도가 조선 땅이라는 내용이 담긴 문서를 받았다고 주장했어요. 돗토리 번이 안용복 일행을 후하게 대접했다는 걸 보면 그런 문서를 받았을 법도 하지요. 그러나 안타깝게도 아직까지 그 문서는 발견되지 않았어요.

부터 울릉도와 독도가 일본 땅이 아니라는 것을 알고 있었을 거예요. 조선 땅인 울릉도에서 물고기를 잡던 조선인을 납치하는 말도 안 되는 일을 벌였으니, 이 사실이 조선에 알려지면 큰일이 날 거라고 생각했겠지요.

안용복은 일본 관리들의 심문에도 굴하지 않았어요. 돗토리 번은 당시 일본 정부인 '에도 막부'에 안용복과 박어둔에 대한 조사 결과를 보고하고 두 사람을 잘 대접했지요. 그리고 돗토리 번은 이들을

17세기에서 19세기까지의 일본

일본은 1336년에 시작된 무로마치 시대 등을 거쳐 1603년에 에도 시대를 열었어요. 에도 막부는 각 지방의 영주나 성주, 태수가 그 지역에서 왕과 같은 권력을 누렸던 봉건 사회였지요. 에도 막부는 각 지역을 '번' 단위로 구분하여 '돗토리 번', '대마 번' 등으로 불렀어요. 뒤이어 1868년 메이지 시대가 새롭게 시작되면서 왕이 여러 지방에 관리자를 보내 전국을 관리하는 '중앙 집권 체제'가 이루어졌어요. 과거의 영주나 성주, 태수는 '지사'로, 각 지역을 구분하는 단위였던 '번'은 오늘날의 일본 지방 구분 단위인 '현'이나 '도' 등으로 바뀌었어요.

다시 조선으로 돌려 보낼 준비를 합니다.

　안용복과 박어둔이 조선으로 돌아가는 길이 멀고 험할 것을 염려한 돗토리 번에서는 편하게 조선까지 갈 수 있도록 가마를 준비하고 의사와 요리사까지 동행시켰어요. 두 사람이 조선에 돌아가다가 혹여 죽지는 않을까 걱정한 것이지요.

미끼가 된 안용복

　"거 봐, 내 이럴 줄 알았지. 이럴 거라면 날 왜 잡아왔담? 빨리 고향으로나 돌아갔으면 좋겠네!"

　아마 이렇게 안심하고 있었을 안용복에게 예상하지 못한 일이 일어났어요. 조선으로 돌아가기 위해 마지막으로 거쳐야 했던 나가사키 번과 대마 번에서 갑자기 죄인 취급을 받게 된 거예요. 대체 왜였을까요?

　오래 전부터 대마 번은 울릉도를 노리고 있었어요. 그때 나타난 안용복의 존재는 못된 계획을 짜기에 딱 좋았지요.

　1693년 9월 말 대마 번 사신

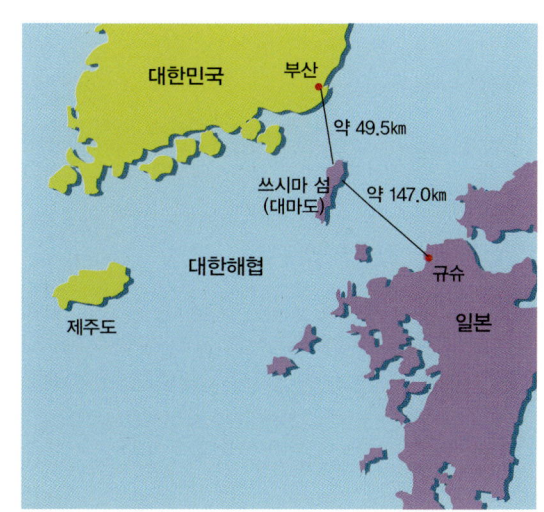

대마도와 우리나라 거리는 우리나라에서 독도까지 거리(216.8킬로미터)보다 훨씬 가까워요. 그만큼 당시 대마도에 살던 일본인들은 조선 사람들과 자주 왕래했지요.

야자에몬은 한 통의 편지를 품에 안고 안용복과 박어둔과 함께 조선으로 향하는 배에 몸을 실었어요. 야자에몬이 가진 편지에는 이런 내용이 적혀 있었지요.

"조선 어민들이 일본 영토인 다케시마(울릉도)에서 고기잡이를 하다 잡힌 것을 지금 풀어주는 것이니, 다시는 조선 어민들이 일본 영토인 다케시마(울릉도)에 오지 못하게 해 주시오!"

말도 안 되는 이 편지가 조선에 도착하자, 영의정을 비롯한 몇몇 신하들은 일본과 관계가 틀어질까 걱정이 되었습니다. 그래서 숙종 임금에게 이런 의견을 올렸지요.

"전하, 울릉도는 오래전부터 관리를 소홀히 한 곳이기는 합니다. 그런 섬을 두고 일본과 다투는 것은 좋지 않습니다. 그러므로 울릉도는 우리 땅이라고 하고 그들이 말하는 다케시마는 일본 땅이라고

다케시마(죽도)와 마쓰시마(송도)

'다케시마'는 현재 일본이 독도를 부르는 이름이에요. 그러나 원래 '다케시마'는 일본이 울릉도를 부르던 이름이었답니다. 일본인들은 울릉도에 대나무가 많이 자라는 것을 보고 대나무가 많은 섬이라는 뜻으로 '다케시마(죽도)'라는 이름을 붙였어요. 또한 울릉도 옆에 있는 섬 독도는 소나무가 많다는 뜻으로 '마쓰시마(송도)'로 불렀어요. 당시 독도에는 소나무는커녕 나무가 하나도 없었는데도 말이에요.

하여 다케시마에는 조선인들이 가지 못하게 하겠다고 하면 그만이지요."

　신하들은 이렇게 헷갈리는 문서를 보내면 일본이 순순히 넘어갈 거라는 안일한 생각을 하고 있었어요. 그리고 숙종은 이들의 의견에 따르기로 했지요. 이런 말도 안 되는 의견을 낸 신하들은 대체 어떤 사람들이었을까요?

나라보다는 자신만을 생각한 장희빈의 세력들

　이런 의견을 낸 신하들은 바로 장희빈을 따르는 세력이었어요. 궁녀의 신분이었던 장희빈은 자식이 없던 숙종에게 아들을 낳아 주고 중전 자리까지 오르며 숙종의 사랑을 받은 여성이었어요. 덕분에 장희빈을 따르던 신하들도 최고의 권력을 누릴 수 있었지요. 그들은 숙종을 설득해서 동래에 머물던 사신 야자에몬에게 답장을 보냈답니다.

　"지금까지 조선에서는 조선 어민들을 단속해 바깥 바다로 나가지 못하도록 했습니다. 비록 우리 조선 땅인 울릉도일지라도 멀리 있다는 이유로 백성들이 마음대로 왕래하

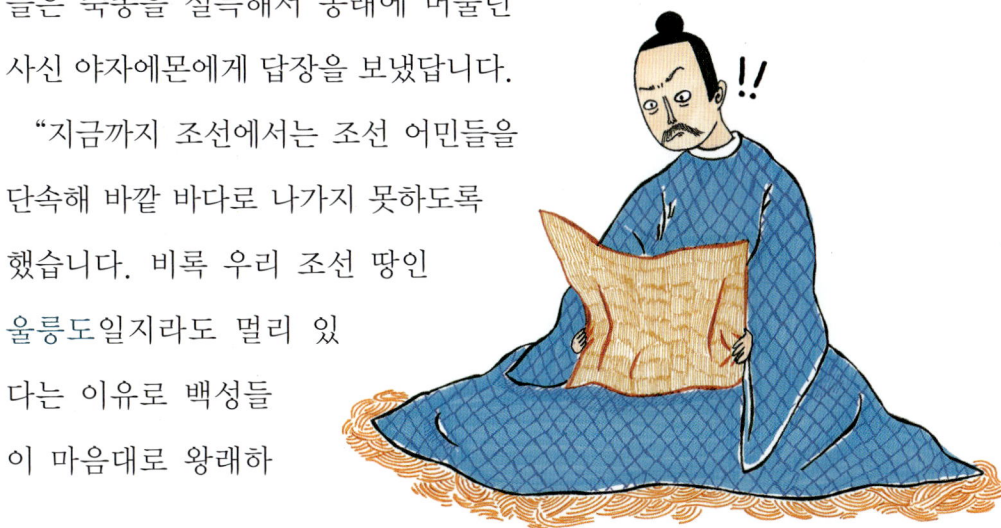

지 못하게 했는데, 하물며 그 바깥 섬으로 나가게 했겠습니까? 우리 백성들이 탄 고기잡이 배가 일본의 다케시마에 들어가 번거롭게 했다는 사실을 이렇게 편지로 알려 준 것을 실로 기쁘게 생각하고 있습니다."

답장을 받은 사신 야자에몬은 몹시 기뻤어요. 그런데 한 가지 걸리는 내용이 있었지요. 뒤에는 울릉도를 '다케시마'로 적어 일본 땅인 것처럼 써 놓고, 앞에는 '조선 땅 울릉도'라고 적어 놓았기 때문이에요. 야자에몬은 울릉도가 조선 땅이라는 앞 구절을 빼달라고 요구하며 편지를 되돌려 보냈어요.

그런데 얼마 후, 조선을 뒤흔든 사건이 일어났어요. 숙종이 장희빈을 멀리하기 시작하면서 장희빈을 등에 업었던 남인 세력이 무너

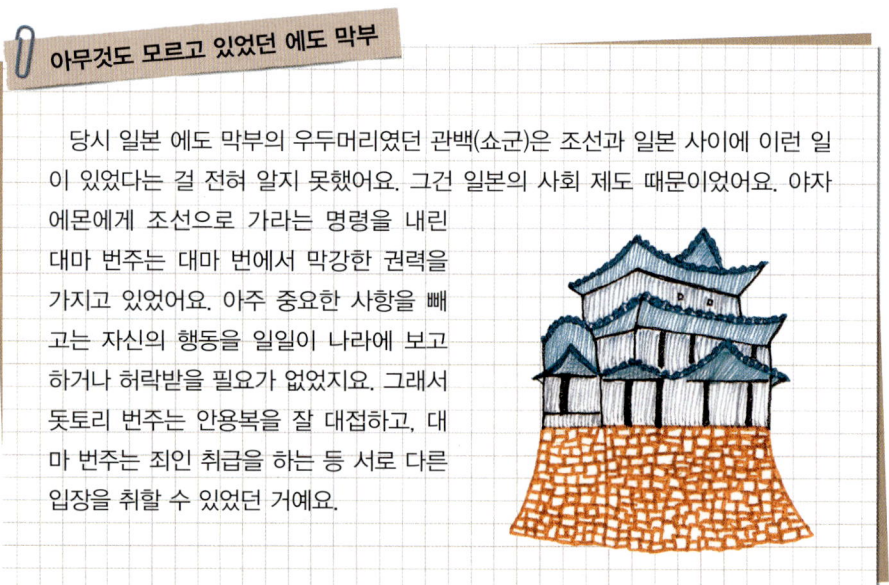

아무것도 모르고 있었던 에도 막부

당시 일본 에도 막부의 우두머리였던 관백(쇼군)은 조선과 일본 사이에 이런 일이 있었다는 걸 전혀 알지 못했어요. 그건 일본의 사회 제도 때문이었어요. 야자에몬에게 조선으로 가라는 명령을 내린 대마 번주는 대마 번에서 막강한 권력을 가지고 있었어요. 아주 중요한 사항을 빼고는 자신의 행동을 일일이 나라에 보고하거나 허락받을 필요가 없었지요. 그래서 돗토리 번주는 안용복을 잘 대접하고, 대마 번주는 죄인 취급을 하는 등 서로 다른 입장을 취할 수 있었던 거예요.

지기 시작한 것이지요. 마침내 1694년 갑술환국이 일어나 다시 왕후로 복귀한 인현왕후 쪽의 세력인 서인들이 권력을 잡았어요. 서인들은 일본에 강하게 나가기로 마음먹었어요. 서인들의 우두머리였던 새 영의정 남구만은 야자에몬에게 다시 문서를 써 보냈어요.

"울릉도와 다케시마는 이름은 다르나 같은 섬이다. 그것은 일본도 잘 알고 있는 사실이 아닌가. 그리고 울릉도는 조선의 영토가 맞으니, 일본인들의 울릉도 출입을 엄하게 금한다."

야자에몬은 갑작스레 변한 조선의 태도에 몹시 화가 났어요. 그 모습을 본 사람들은 다시 전쟁이 일어나는 건 아닐까 하고 몹시 불안해했지만, 그런 일은 일어나지 않았어요. 그리고 얼마 뒤, 일본 에도 막부는 울릉도에 대해 대대적으로 조사하기 시작했어요.

3
울릉도와 독도를 조사한 조선과 일본

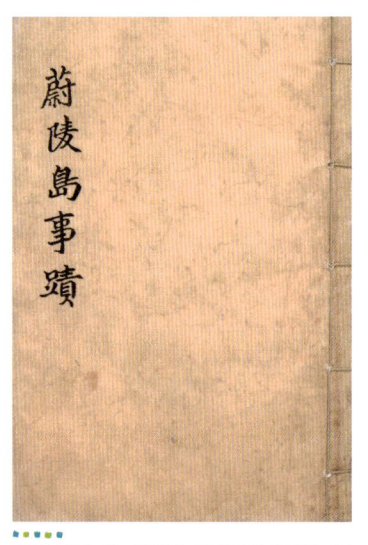

장한상이 쓴 《울릉도사적》의 필사본이에요. 울릉도 조사라는 명령을 받은 관리가 독도까지 기록했다는 것은 독도가 울릉도에 속하는 땅이라는 걸 증명하는 중요한 자료이지요.

180년 만에 울릉도에 관리를 보낸 조선

조선은 안용복 납치 사건과 대마 번 사신 야자에몬의 편지로 울릉도에 많은 관심을 갖게 되었어요. 일본의 욕심을 알고 그들이 울릉도를 빼앗을 수도 있다고 걱정한 것이지요.

그래서 조선은 약 180년 만인 1694년에 장한상이라는 관리를 울릉도에 파견하여 울릉도와 그 주변을 조사하게 했어요. 장한상은 울릉도 주변을 조사한 내용을 《울릉도사적》이라는 기록에 담았어요. 여기에는 울릉도뿐 아니라 독도에 대해서도 정확히 기록되어 있지요.

장한상은 '울릉도에서 동쪽을 바라보면 저 멀리 아득히 섬 하나가 보인다.'고 기록했어요. 울릉도에서 동쪽으로 아득히 보이는 섬은 오직 독도 하나뿐이랍니다. 또 울릉도에 왜구의 흔적은 있지만 사람이 사는 것 같지는 않다고 보고했지요. 마음을 놓은 조선은 그 뒤로 정기적으로 꾸준히 울릉도에 관리를 보내 다스리기로 해요.

《울릉도사적》에 독도에 대한 내용이 나와 있는 부분이에요.

처음으로 울릉도를 조사한 일본

한편 일본 에도 막부도 울릉도를 조사하기 시작했어요. 대마 번이 울릉도를 둘러싸고 조선과 대마 번 사이에 일어났던 일들을 나라에 보고했거든요.

먼저 에도 막부는 울릉도 도해 면허를 교부 받은 상인들이 사는 돗토리 번에 울릉도가 어느 나라 땅인지를 물었어요. 그러자 돗토리 번은 이렇게 대답합니다.

"다케시마(울릉도)는 멀리 떨어져 있어 우리 돗토리의 땅이 아닙니다. 뿐만 아니라 일본 어느 지역의 땅도 아닙니다."

울릉도가 일본 땅이 아니라는 걸 확실히 알게 된 에도 막부는 다시 물었어요.

돗토리 번에 설치된 에도 막부의 울릉도 도해 금지 경고판이에요.

"그렇다면 울릉도 근처에 돗토리 번 소속으로 생각했던 다른 섬이 있느냐?"

"근처에 마쓰시마(독도)가 있습니다. 이 역시 일본의 땅은 아닙니다. 이곳으로 고기잡이를 하러 간다는 건 다케시마(울릉도)로 가는 도중에 있기에 들르는 것입니다."

이 대답을 들은 에도 막부는 어떤 결정을 내렸을까요? 에도 막부는 일본인들이 울릉도로 건너가지 못하도록 '울릉도 도해 금지령'을 내렸어요. 울릉도에 가지 못하게 되면 독도에 갈 일도 없으니 '울릉도 도해 금지령'은 독도로 가는 것을 금지한 것과 다름없었지요.

조선과 일본이 처음으로 실시한 조사에서 울릉도와 독도 모두 조선 땅이라는 결론을 냈어요. 하지만 돗토리 번 어부들은 계속 울릉도에 드나들었어요. 통신과 교통이 발달하지 않았던 옛날에는 국가의 결정이 나라 곳곳에 전달되기까지 걸리는 시간이 길었어요. 이 사실도 모른 채 터져 나오는 울분을 삭히던 사람이 있었어요. 그 사람이 바로 안용복입니다.

4
조선의 민간 외교관 안용복의 활약

스스로 다시 일본에 간 안용복

억울하게 일본에 잡혀가 범죄자 취급을 받고 돌아온 안용복은 울릉도와 독도에 대한 애국심으로 활활 불타올랐어요. 그때부터 울릉도와 독도의 주권 찾기에 골몰하던 안용복은 마침내 울릉도와 독도가 조선의 영토라는 사실을 일본에 확실히 알리기로 결심하지요.

1696년 5월 안용복은 열 명의 동료들과 함께 울릉도에 침입한 일본인들을 쫓아 일본의 돗토리 번으로 향했어요. 당시에는 조선 정부의 허락도 없이 일본으로 간다는 것은 목숨을 걸어야 할 만큼 위험한 일이었지만, 안용복은 신경 쓰지 않았어요.

하지만 안용복은 출발하자마자 큰 어려움에 부딪치게 됩니다. 갑작스런 폭풍에 휩쓸려 원래 가려고 했던 돗토리 번이 아니라 엉뚱

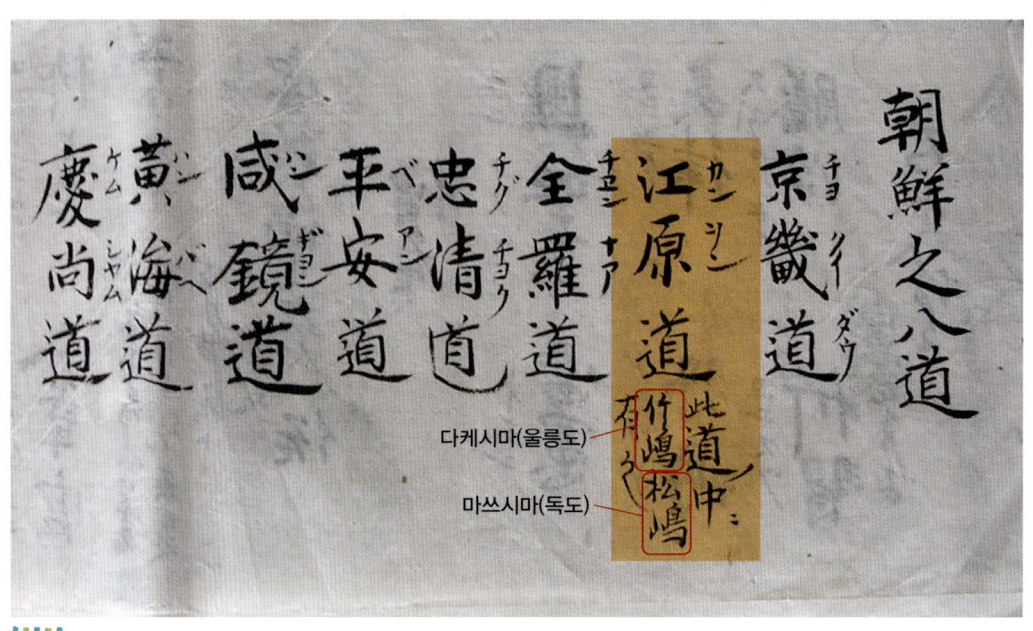

안용복이 일본 오키 섬 관리들에게 울릉도와 독도가 조선 땅 강원도에 속한다고 주장했다는 사실이 기록된 일본의 문서예요. '조선의 팔도'라는 제목에 경기도, 강원도 등의 8도의 이름이 나오고 강원도 안에 다케시마(울릉도)와 마쓰시마(독도)가 속한다고 적혀 있지요.

한 곳에 도착한 것이지요. 그들이 닿은 곳은 일본의 오키 섬이었어요. 오키 섬 관리들은 갑작스레 넘어온 안용복 일행을 보고 깜짝 놀랐어요. 게다가 안용복이 울릉도와 독도의 주인은 조선이라고 외치며 조선 팔도 지도를 꺼냈을 때는 어안이 벙벙했겠지요. 당황한 오키 섬 관리들은 돗토리 번으로 가야 한다는 안용복 말에 얼른 길을 내 주었습니다.

드디어 안용복은 돗토리 번에 도착했어요. 안용복은 가마를 타고 조선 관리 차림을 하고서 자신이 조선에서 온 높은 관리라고 소개했지요. 평범한 어부 자격으로 가면 일본 관리들이 자기 말을 들어주지 않을 거라고 생각했기 때문일 거예요. 돗토리 번 관리들을 만난 안용복은 대마 번에서 고생했던 이야기를 모두 하고 울릉도와 독도가 조선의 영토라고 말했어요.

"울릉도와 자산도(독도)는 조선의 영토다! 또한 나는 이 모든 사실을 에도 막부의 관백(쇼군)에게 알리려고 한다!"

안용복은 독도의 옛 이름인 '우산(于山)도'의 한자를 착각해 '자산(子山)도'라고 말한 것이었어요. 조선에서 온 안용복이 돗토리 번에 도착했다는 소식은 곧 일본 에도 막부에도 전해졌어요. 그제야 에도 막부는 울릉도 도해 금지령이 아직 돗토리 번에 도착하지 않은 걸 알았지요. 에도 막부 관리들은 곧장 돗토리 번에 사람을 보내 울릉도 도해 금지령을 전달했어요. 이렇게 안용복은 일본 관리들을 직접 찾아가 울릉도와 독도가 조선 영토라는 사실을 알렸답니다.

철저하게 준비한 안용복

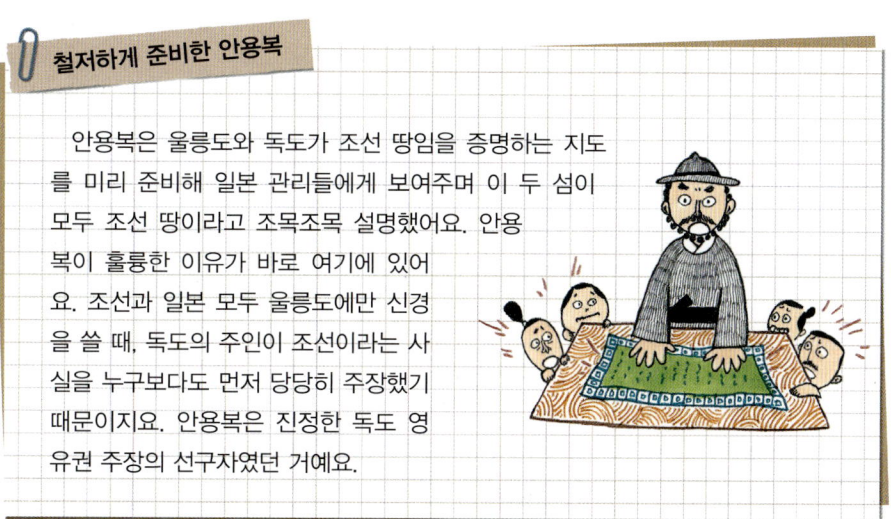

안용복은 울릉도와 독도가 조선 땅임을 증명하는 지도를 미리 준비해 일본 관리들에게 보여주며 이 두 섬이 모두 조선 땅이라고 조목조목 설명했어요. 안용복이 훌륭한 이유가 바로 여기에 있어요. 조선과 일본 모두 울릉도에만 신경을 쓸 때, 독도의 주인이 조선이라는 사실을 누구보다도 먼저 당당히 주장했기 때문이지요. 안용복은 진정한 독도 영유권 주장의 선구자였던 거예요.

안용복에 관한 마지막 기록

"내가 하고 싶은 말도 모두 다 했겠다, 이제 울릉도와 독도가 우리 조선 땅이라는 것을 알았겠지."

이렇게 생각했을 안용복은 1696년 8월 조선으로 돌아옵니다. 하지만 조선에 도착하자마자 붙잡히는 신세가 되고 말지요.

조선은 안용복의 행동이 어마어마한 범죄라고 생각했던 거예요. 그 말이 틀린 건 아니에요. 지금으로 따지면 자신을 외교관으로 속이고 다른 나라 관리를 만나 국가 간의 일을 논의한 것과 다름없으니까요. 게다가 조선은 신분의 구별이 확실한 나라였어요. 일개 어부였던 안용복이 양반만이 가질 수 있는 관직을 사칭했으니 더욱 큰 문제가 된 것이지요.

많은 신하들은 안용복을 사형시키라고 외쳤어요. 하지만 영의정 남구만의 생각은 조금 달랐어요. 안용복이 잘못을 저지르긴 했지만, 덕분에 울릉도와 독도가 조선의 영토라는 사실이 일본에 분명히 전달되었으니까요. 다행히 영의정 남구만의 건의 덕에 안용복은 사형을 면하고 먼 곳으로 유

안용복이 일본에 건너갔다 돌아온 경로를 보여 주는 지도예요.

배를 갔답니다.

그렇게 안용복은 역사에서 사라졌지요. 안용복이 어디로 유배를 갔고 어떻게 살았는지에 대한 기록은 전혀 남아 있지 않아요.

울릉도, 독도에 대해 일본 고위 관리와 얼굴을 마주보고 이야기한 최초의 인물, 안용복. 안용복의 활약으로 조선은 울릉도와 독도를 노리던 일본의 욕심을 막고 울릉도, 독도의 영유권을 재확인할 수 있었어요.

부산에 있는 안용복 동상이에요.

일본이 모르는 독도의 진실 03

17세기, 돗토리 번은 울릉도와 독도가 일본 땅이 아니라는 것을 잘 알고 있었습니다. 또 안용복이 울릉도와 독도가 조선 땅이라고 나와 있는 지도를 들고 일본의 고위 관리들을 찾아가 "울릉도와 자산도(독도)는 조선 땅이니 함부로 넘어오지 말라!"고 한 것이 모두 사실이었다고 밝혀지고 있습니다. 안용복은 울릉도와 독도가 조선 땅이라는 것을 알린 민간 외교관이나 다름없습니다.

일본 주장 1
안용복의 진술은 신뢰할 수 없습니다.

안용복의 진술에 의하면, 안용복이 1696년 5월 일본에 왔을 때 울릉도에는 다수의 일본인이 있었다고 합니다. 그러나 당시에는 일본 에도 막부가 울릉도 도해를 금지했던 때라 일본인이 울릉도에 갔을 리가 없습니다. 따라서 안용복의 진술에는 신빙성이 없습니다.

한국 주장 1
안용복의 진술에는 신빙성이 있습니다.

에도 막부가 울릉도 도해를 금지하겠다는 문서가 조선에 도착한 것은 1697년 1월입니다. 또한 같은 일본 내 돗토리 번에도 1696년 8월에야 에도 막부의 명령이 전달되었습니다.

따라서 돗토리 번 사람들은 1696년 8월 에도 막부 명령이 도착하기 전까지 계속 울릉도에 드나들었을 가능성이 있습니다.

따라서 일본인들이 계속 울릉도와 독도 주변을 드나드는 것을 본 안용복이 이를 따지기 위해 일본에 갔을 가능성도 충분합니다. 안용복의 주장에 신빙성이 없다고만 할 수 없습니다.

> **일본 주장 2**
>
> 일본은 울릉도에 가는 것을 금지했지 독도에 가는 것은 금지하지 않았습니다.

과거 1696년 1월에 에도 막부가 울릉도로 건너가지 말라는 '울릉도 도해 금지령'을 내린 것은 사실입니다.

하지만 그것은 일본과 조선의 우호 관계를 위해 내린 결정이었고, 일본이 안용복과 박어둔을 일본에 데려갔을 때에는 조선도 조선 백성들이 울릉도에 가는 것을 금지하고 있었습니다.

중요한 것은, 에도 막부는 울릉도에 가는 것을 금지했지 독도에 가는 것을 금지하지는 않았다는 것입니다. 이것은 일본이 독도를 일본 땅으로 생각했다는 증거입니다.

> **한국 주장 2**
>
> 울릉도 도해 금지령에는 독도 도해 금지령도 포함되어 있습니다.

1696년 1월 일본 에도 막부가 울릉도와 독도를 조사했습니다. 이때 돗토리 번은 '울릉도와 독도는 우리 영지가 아닙니다. 독도는 울릉도로 향하는 길에 있어서 잠시 들리는 섬이었지만 우리 돗토리 번 영지도 아니고 일본의 어떤 지방에도 속하지 않습니다.'라고 보고했습니다.

이 보고를 받은 에도 막부는 3일 뒤 '울릉도 도해 금지령'을 내렸습니다. 에도 막부의 몇몇 관리들이 불법으로 만든 도해 면허 자체가 울릉도에만 한정된 것이어서 다시 그것을 금지한다는 의미로 도해 금지 명령을 내린 것이지요. 독도에 건너가도 좋다는 '독도 도해 면허' 자체가 없었기 때문에, 따로 독도 도해 금지령을 내릴 필요가 없었습니다.

또한 독도와 울릉도 모두 일본 땅이 아니라 조선 땅이라는 것이 양국의 공통된 인식이었습니다. 따라서 울릉도에 가지 못하게 한 것은 독도에도 가지 못하게 했다는 것으로 해석해야 합니다.

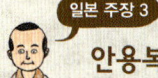

일본 주장 3
**안용복이 에도 막부 관백(쇼군)에게
외교 문서를 받았다는 것은 거짓입니다.**

1693년, 안용복은 에도 막부의 관백(쇼군)에게 '울릉도 독도는 조선 땅'이라는 외교 문서를 받았지만 대마 번주가 그 문서를 빼앗았다고 진술했습니다. 하지만 일본에 납치되어 온 일개 어부 안용복에게 한 나라의 관백(쇼군)이 그런 중요한 문서를 내어 줄 리 없습니다. 일본 기록에도 안용복이 1693년과 1696년 일본에 왔다는 내용은 있어도 그런 문서를 주었다는 내용은 없습니다.

게다가 안용복에 관한 조선의 기록은 나랏법을 어기고 외국에 간 안용복을 취조하여 얻어 낸 진술입니다. 죄를 짓고 취조를 받던 중에 나온 진술이므로 이런 진술은 안용복이 자신의 죄를 덜기 위해 한 거짓말일 수도 있습니다.

한국 주장 3
**안용복이 외교 문서를
받았을 가능성은 충분합니다.**

일개 어부였던 안용복은 일본의 고위 관리를 제대로 구별할 수 없었을 것입니다. 아마 안용복에게 문서를 건넨 사람은 관백(쇼군)이 아닌 돗토리 번주일 것입니다. 실제로 돗토리 번주는 이미 울릉도가 돗토리의 땅이 아니라고 에도 막부에 보고했던 적이 있기 때문에, 울릉도에서 납치당해 온 안용복을 달래기 위해 비슷한 문서를 주었을 가능성이 있습니다. 또한 돗토리 번이 안용복에게 극진한 대우를 한 것으로 보아 조선과의 관계를 우려한 돗토리 번주가 안용복에게 그런 문서를 주었을 수 있습니다.

안용복의 진술이 사실이라는 기록도 존재합니다. 2005년 일본 오키 섬에서 발견된 무라카미 가문의 문서에는 1696년 안용복이 '독도는 강원도에 속하는 땅이고, 울릉도에서 독도까지는 하루 정도 걸린다.'고 했으며 안용복의 주장에 일본 관리 누구도 반대하지 않았다고 나와 있습니다. 따라서 안용복은 울릉도와 독도가 조선 땅이라는 외교 문서를 받았을 가능성이 충분합니다.

04
지도로 살펴보는 진짜 독도의 주인

| 1697년 조선 숙종 '울릉도 수토 제도' 실시 | 1787년 항해가 라 페루즈가 울릉도를 '다줄레 섬'으로 명명 |

| 1531년 《신증동국여지승람》 편찬 | 1785년 일본이 《삼국접양지도》 편찬 | 1836년 하치에몬이 일본에서 처형 |

1
법을 어기고 벼락 부자가 된 하치에몬의 최후

"이봐, 소문 들었어?"

"아, 당연하지! 요즘 동네가 그 사람 이야기로 떠들썩하잖아."

1833년 어느 더운 여름, 일본 하마다의 마쓰바라우라 지역은 마을 주민 이마즈야 하치에몬의 이야기로 매일 이야기꽃을 피웠다.

"이번에는 100년 넘은 큰 나무들로 궁궐 같은 집을 지었다지?"

"그뿐인 줄 알아? 곳간에는 쌓아 놓은 쌀이 미어터질 정도라고 하던데."

"그 집은 하인들까지 비단옷을 해 입는다더구먼."

"차라리 고기잡이 일 때려치우고 하치에몬 하인 노릇이나 하는 게 낫겠네."

하치에몬의 호화로운 생활은 마을 사람들의 부러움을 샀다. 얼마

전까지만 해도 평범한 백성이었던 하치에몬이 하룻밤 사이에 큰 부자가 되자 마을 사람들 모두 그 이유가 알고 싶어 견딜 수 없었다.

"옆집 아낙네가 그러는데, 하치에몬이 바다에서 보물 상자를 건져 올렸다는구먼!"

"에이, 아닐걸. 하치에몬 먼 친척이 큰 부자였는데, 그 친척이 얼마 전에 큰 병에 걸려서 죽기 전에 모든 유산을 그이에게 남겼다고 했다고!"

"아닐세! 그게 아니라 하치에몬 꿈에 신선이 나와서 큰 보물이 숨겨진 장소를 알려 줬대."

뜬소문은 꼬리에 꼬리를 물고 점점 거대해졌다. 그러나 소문은 어디까지나 소문일 뿐, 진실을 아는 사람은 아무도 없었다. 과연 하치에몬은 어떻게 부자가 된 걸까?

원래 하치에몬은 작은 어선을 모는 선장이었다. 하치에몬은 남들과 다를 바 없는 평범한 자신의 처지가 늘 불만이었다.

'어떻게 하면 더 많은 돈을 벌 수 있을까?'

하루 종일 궁리하던 어느 날, 드디어 기회가 찾아왔다. 바다를 건너던 중에 다케시마(울릉도)를 본 것이었다. 하치에몬은 그 섬이 마음에 쏙 들었다.

'이 섬 주변에는 물고기가 아주 많군! 게다가 나무도 곧고 굵어서 집을 짓거나 배를 만들기 딱인걸. 이런 알짜 섬에 아무도 살지 않다니, 난 정말 운이 좋아!'

집으로 돌아온 하치에몬은 앞으로도 계속 다케시마(울릉도)에 갈 수 있도록 마을에 면허를 신청했다. 하지만 계획은 처음부터 삐걱거렸다. 하마다 번주가 하치에몬의 청을 거절한 것이다.

"다케시마(울릉도)는 일본인이 함부로 갈 수 있는 섬이 아니니, 접근하지 마라."

대답을 들은 하치에몬은 속이 뒤집혔다. 이런 절호의 기회를 눈앞에서 놓쳐야 하다니! 하지만 여기까지 와서 포기할 수 없었다. 하치에몬은 하마다 관리들과 의논하여 울릉도에 갈 수 있는 방법을 찾기 시작했다.

며칠 후, 하치에몬은 당당히 마쓰시마(독도)로 향했다. 몇 번이고 부탁한 끝에 다케시마(울릉도)가 아닌 마쓰시마(독도)라면 배를

댈 수 있을지도 모른다는 이야기를 들었기 때문이다.

'마쓰시마(독도)와 다케시마(울릉도)가 가까우니, 마쓰시마(독도)에 간다고 하고 몰래 다케시마(울릉도)에 가면 돼. 조선 수군에게 붙잡히면 잘못 온 거라고 둘러대지 뭐. 역시 난 머리가 좋다니까!'

모든 준비를 마친 하치에몬은 독도를 지나 곧바로 울릉도로 향했다. 그러고는 울릉도에 배를 대어 자기 땅인 양 섬을 마구 들쑤셨다. 함부로 나무를 자르고 인삼을 비롯한 귀한 약초들도 캐냈다. 심지어는 그곳에서 밀무역까지 벌였다.

"이봐, 하치에몬. 여기 진짜 아무도 안 오는 거 맞지?"

밀수꾼의 물음에 하치에몬은 호탕하게 웃었다.

"당연하지! 그러니까 얼른 물건이나 꺼내 보라고."

밀수꾼은 미소를 지으며 보따리를 풀었다. 조선 특산품인 인삼과 중국 비단까지 온갖 귀한 물건들이 쏟아져 나오자 하치에몬은 침을 꿀꺽 삼켰다.

'이걸 가져가면 두 배, 아니 네 배로 비싸게 팔 수 있을 거야.'

나라 허락 없이 외국의 물건을 몰래 들여와 파는 밀무역은 사형을 당할 수도 있는 큰 죄였다. 하지만 비싼 값을 치르면서까지 외국의 진기한 물건들을 원하는 부자들은 무척 많았다. 그런데 마침, 조선 땅인 울릉도는 조선의 감시가 소홀하기 때문에 하치에몬이 이곳 울릉도에서 대담한 밀무역을 벌일 수 있었던 것이다.

하치에몬이 불법을 저질러 부자가 된 것도 모른 채 사람들은 하치에몬을 볼 때마다

부자가 되는 방법을 알려 달라고 매달렸다. 아무리 사정해도 하치에몬은 절대 그 비결을 말해 주지 않았다.

'다케시마(울릉도)에 갔다는 이야기를 했다간 큰일 나지.'

하지만 꼬리가 길면 밟히는 법, 하치에몬의 행동을 수상하게 여긴 일본 관아에서 하치에몬을 은밀히 조사하기 시작했다. 그러자 모든 것이 밝혀졌고, 하치에몬은 결국 법을 어긴 죄로 처형되었다.

일본은 현재 하치에몬이 독도에 가는 것을 허락 받은 것처럼 왜곡하며 독도가 일본 땅이라고 주장합니다. 하지만 하치에몬이 재판을 받았을 때 사용된 지도에는 울릉도와 독도 모두 분명 조선 땅이라고 되어 있었습니다. 이것은 독도가 조선 땅이라는 것을 일본도 알고 있었다는 것입니다.

2
울릉도의 가치를 일찍 알아본 일본인 하치에몬

정기적으로 울릉도와 독도를 관리한 조선

안용복이 울릉도와 독도가 조선 땅이라는 것을 알리기 위해 일본에 간 사실이 알려지자 조선에서도 다시 울릉도와 독도에 관심을 가지게 되었어요. 그리고 1697년, 숙종은 일본인들이 울릉도와 독도 주변에 얼씬 못하게 어명을 내렸지요.

"앞으로 3년에 한 번씩 울릉도와 독도로 사람을 보내도록 하라!"

하지만 몇몇 신하들은 이런 조치도 너무 약하다고 생각했어요. 3년에 한 번으로는 울릉도에 와서 나무를 베고 약초를 캐는 수많은 일본인들을 다 막을 수 없으니까요. 이를 걱정한 신하들은 이제 울릉도에도 사람을 살게 해야 한다거나, 나아가 조선의 군사를 울릉도에 두어 일본인들의 침입을 막아야 한다고 주장했지요. 하지만

태종 때 실시되어 세종 때까지 이어진 쇄환 정책 이후 300여 년 가까이 아무도 살지 않은 땅에 갑자기 사람을 살게 하는 건 쉽지 않은 일이었어요. 결국 3년에 한 번씩 관리를 보내는 '울릉도 수토 제도'를 실시하기로 결정했지요.

그런데 막상 관리를 보내려니 한 가지 문제가 있었어요. 먼 울릉도와 독도에 가려는 관리들이 없었거든요. 울릉도와 독도 주변 바다는 한류와 난류가 만나는 황금 어장이긴 하지만, 온도 차가 심한 두 해류가 만나 형성되는 거친 파도 때문에 몹시 위험했어요. 자칫 잘못하면 배가 침몰해 죽을 수도 있었지요.

울릉도의 인삼

울릉도는 인삼이 유명했어요. 이것을 안 일본인들이 몰래 울릉도에 들어와 인삼을 캤고 1769년에는 강원도 감사 홍명환이 친척과 짜고 몰래 울릉도 인삼을 캐는 사건도 있었어요. 그런데 19세기 무렵부터 조선은 더 이상 울릉도에 채삼군을 보내지 않았어요. 울릉도 인삼과 육지 인삼 질이 별 차이가 없다는 이유 때문이었어요. 정말 안타까운 일이에요. 사람을 보내 울릉도와 독도를 관리한 건 두 섬이 조선 땅이라는 걸 명확히 하려던 방안이었는데, 어느새 그 목적이 인삼을 캐는 일로 바뀌게 되었으니까요.

그래서 정조 때부터는 울릉도에서 나는 인삼을 캐서 나라에 바치는 군인인 채삼군(採蔘軍)을 울릉도에 보내기도 했어요. 험한 바다를 건너 울릉도와 독도에 가서 그곳을 관리하며 인삼을 캐는 임무를 맡는 대신, 그 대가로 인삼을 조금 가질 수 있게 한 것이지요. 이렇게 조선은 울릉도와 독도를 지키려고 노력했어요.

울릉도의 가치를 알게 된 하치에몬

울릉도의 가치를 알아본 사람이 또 있었어요. 바로 일본 하마다의 마쓰바라우라 지역에 살던 선장 하치에몬이에요. 하치에몬은 배

> **하마다의 시마네 현**
>
> 하마다는 오늘날 일본 시마네 현에 속에 있는 지역이에요. 시마네 현은 독도의 일본 영유권을 주장하고 '다케시마(독도)의 날'을 지정했으며 '다케시마(독도) 자료실'까지 만들어 홍보하고 있는 지역이지요.

를 타고 일본 홋카이도 지역을 지나 하마다로 돌아가던 중 우연히 울릉도를 발견했어요. 하치에몬은 울릉도가 자원이 아주 풍부한 섬이라는 것을 한눈에 알아보았지요.

울릉도의 자원을 몽땅 독점하고 싶었던 하치에몬은 하마다 관청을 찾아가 울릉도 도해 면허를 발급해 달라고 요청했어요. 그러나 하마다 관청의 대답은 실망스러웠어요. 울릉도에 가는 것이 금지되어 하치에몬의 요구를 들어줄 수 없다는 것이었지요. 울릉도가 조선의 영토라는 것을 확실히 알고 있었던 하마다 번주로서는 당연한 답이었어요.

하지만 하치에몬은 포기하지 않고 하마다의 다른 관리와 계속 의논했어요. 그러다 '독도로 간다는 구실로 울릉도에 가면 괜찮을 지도 모른다.'는 말을 들을 수 있었지요. 하치에몬은 무척 기뻤어요. 울릉도에 속한 섬인 독도로 가는 것은 금지되지 않았다고 착각한 하치에몬은 울릉도에 가기 위한 명분으로 독도를 내세우기로 결심해요. 하치에몬은 아무런 쓸모없는 작은 섬 독도 정도라면 괜찮을 거라 생각했어요. 하치에몬이 원한 곳은 오직 울릉도였지요.

결국 하치에몬은 독도를 지나 몰래 울릉도로 건너가서 나무도 베고 물고기도 잡고 밀무역까지 하고는 다시 일본으로 돌아왔어요.

길 떠난 하치에몬의 몰래 간 울릉도 여행기

1832년 7월 17일
모든 준비가 끝났다. 드디어 기다리던 바람도 분다! 자, 이제 울릉도로……. 아니 아니 독도로 출발!

1832년 7월 21일
으, 힘들어……. 왜 이렇게 파도가 거친 거야? 아이쿠! 난 마쓰시마(독도)에 가려고 했는데 이런, 잘못해서 다케시마(울릉도)에 도착했잖아! 어쩔 수 없지!(내 연기가 들통나지는 않을까?) 이제 울릉도에서 돈벌이를 시작하는 거야!

1832년 8월 23일
정말 꿈 같은 한 달이었어. 이 섬은 정말 노다지야. 나무면 나무, 약초면 약초, 거기다 물고기는 어찌나 많이 잡히는지. 또 조선 관군도 만나지 않아서 안심하고 이 귀한 것들을 구할 수 있었지. 하지만 꼬리가 길면 밟힌다고 했으니, 일단 일본으로 돌아가야 겠군. 다음에 또 오마!

1832년 8월 27일
드디어 하마다에 도착했다. 역시 고향이 좋구나. 하지만 쉴 틈이 없지. 이제 이것들을 모두 팔아서 돈으로 바꿔야지! 이제 난 부자가 되는 거야!

하치에몬의 꼼수

1833년 하치에몬은 일본 관리에게 체포되어 관아에 갇히고 말아요. 나라의 허락도 받지 않고 다른 나라 땅인 울릉도에 가서 물고기를 잡고 밀무역을 했기 때문이지요. 과연 하치에몬은 어떻게 되었을까요? 결국 하치에몬은 법을 어긴 죄로 처형되었습니다.

그런데 약 200년이 지난 지금 일본에서는 죄인이었던 하치에몬이 영웅 대접을 받고 있어요. 일찍 해외로 눈을 돌려 시장을 개척한 선구자로 칭송 받고 있지요. 심지어 시마네 현에서는 하치에몬을 기리기 위한 비석은 물론 하치에몬의 생애를 다룬 연극까지 만들어 공연했어요.

또 몇몇 일본 학자들은 하치에몬이 하마다의 관리와 의논해 독도에 간다는 명분을 내세운 건 독도가 일본 땅이라는 분명한 증거라고 주장하고 있지요. 과연 이 말은 사실일까요?

하치에몬의 재판에 사용된 한 장의 지도

일본 관리들은 관아에 붙잡혀 온 하치에몬에게 죄를 낱낱이 캐물으며 심문하고 재판했어요. 그때 중요한 한 장의 지도가 사용되었어요. 〈다케시마(죽도) 방각도〉라고 하는 이 지도는 일본의 한 대학에서 보관하고 있답니다.

그런데 이상하게도 이 지도는 아무나 볼 수 없도록 엄중한 관리

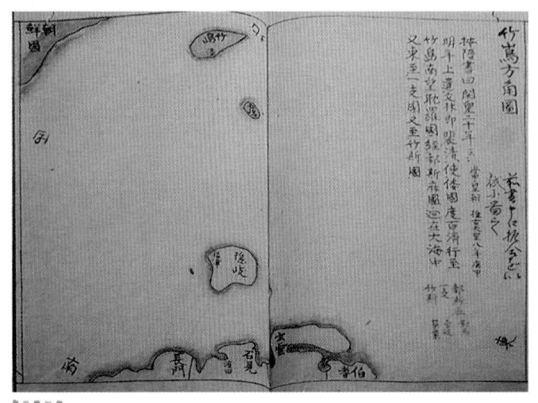

하치에몬의 재판에서 사용된 지도 〈다케시마(죽도) 방각도〉예요.

와 감시를 받고 있어요.

무슨 이유 때문일까요? 그것은 이 지도가 일본에 정말 불리한 증거이기 때문이랍니다.

왼쪽의 지도를 잘 보면 조선 땅인 한반도와 제주도, 울릉도와 독도는 빨간색으로, 일본 땅과 오키 섬은 노란색으로 표시되어 있답니다.

재판을 받은 하치에몬과 심문을 한 하마다의 관리들이 울릉도와 독도를 일본 땅이라고 생각했다면, 재판에 사용한 이 지도 속 울릉도와 독도에는 일본 땅과 같은 색인 노란색을 칠했을 거예요.

하지만 실제 〈다케시마(죽도) 방각도〉에는 울릉도와 독도가 조선 땅과 같은 색인 빨간색으로 칠해져 있어요.

그렇습니다. 〈다케시마(죽도) 방각도〉는 하치에몬과 하마다의 관리들 모두 울릉도와 독도가 조선 땅이라는 것을 정확히 알고 있었다는 아주 중요한 증거예요.

하치에몬은 재판에서 스스로 자기 죄를 인정하고는 처형당했어요. 그때는 나라의 허락 없이 외국에 나가 밀무역을 하면 사형 선고를 받을 수도 있었기 때문에 하치에몬은 울릉도와 독도가 일본 영토라고 말하던가, 아니면 적어도 '일본 영토인 줄 알았다.'라고 이야기해야 겨우 목숨을 건질 수 있었을 거예요.

하지만 하치에몬은 사실대로 말하고 순순히 벌을 받았어요. 자신을 심문했던 일본 관리들이 울릉도와 독도가 조선 영토라는 것을 이미 알고 있어서 하치에몬은 그들을 속일 수 없었던 것이에요.

3
조선 지도에는 있지만 일본 지도에는 없는 땅

지도로 보는 진짜 독도의 주인

나라에서 제작한 지도는 당시 그 나라 땅의 크기나 모습을 정확하게 알려 주는 중요한 자료예요. 앞서 살펴본 〈다케시마(죽도) 방각도〉처럼, 독도가 일본 땅이라는 일본의 주장은 지도 한 장으로도 쉽게 뒤집힐 수 있지요.

비슷한 시기에 제작된 조선 지도와 일본 지도를 서로 비교해 보면 울릉도와 독도가 어느 나라 땅인지를 명확히 알 수 있어요.

17세기의 조선과 일본의 지도

《동국여지승람》은 조선 성종 때 완성된 것으로 조선 각 지역의 인구나 땅의 너비, 특산물 등에 대한 정보를 담은 지리지예요. 그 후 1506년 중종이 이 《동국여지승람》을 보완하라는 명을 내려 1531년 새로 증보했다는 뜻의 '신증(新增)'을 붙인 《신증동국여지승람》이 완성되었어요.

이 《신증동국여지승람》의 1권에는 우리나라 모습을 담은 지도인 〈팔도총도〉가 실려 있어요. 여기에는 우리 땅 울릉도와 우산도(독도)가 나와 있어요. 이 지도를 통해 17세기 이전에

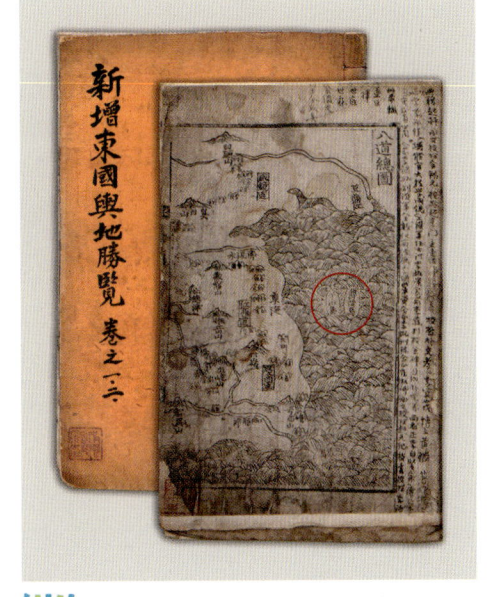

《신증동국여지승람》에 실린 〈팔도총도〉예요.

도 울릉도와 독도는 조선 땅이었음을 알 수 있어요. 다만 이 두 섬의 위치가 서로 반대로 되어 있다는 것이 아쉬울 따름이에요. 이것은 측량 기술이 발달하지 않아서 생긴 착오였겠지요. 하지만 조선 땅 전체를 표시한 이 지도에 울릉도와 우산도(독도)를 모두 그려 넣었다는 사실은, 조선이 이 두 섬을 각각 다른 별개의 섬으로 구분하여 정확히 알고 있었다는 것을 말해 주지요.

일본이 울릉도와 독도를 일본 땅이 아닌 조선 땅으로 생각했다는 것을 말해 주는 지도도 있어요. 바로 〈쇼호 일본도〉와 〈겐로쿠 일본 지도〉예요.

일본은 새 정부인 '에도 막부'를 세우면서 일본 영토 전체를 담은

〈쇼호 일본도〉의 서쪽 부분 지도예요. 이 지도에는 일본 영토가 오키 섬까지로 표시되어 있어요.

〈겐로쿠 일본 지도〉의 모습이에요. 이 지도에도 오키 섬까지를 일본 영토로 표시하고, 울릉도와 독도는 그려 넣지 않았어요.

일본 지도를 만드는 데 많은 정성을 쏟았어요. 그 결과 1615년 경에에도 막부 최초의 공식 지도인 〈게이초 일본도〉가 탄생했고 1655년 경에 두 번째 공식 지도인 〈쇼호 일본도〉, 1704년 경 세 번째 공식 지도인 〈겐로쿠 일본 지도〉가 완성되었지요. 하지만 이 세 장의 지

일본이 그린 조선 지도

일본에서도 조선 영토를 그린 〈조선 지도〉를 만들었어요.

조선의 〈팔도총도〉를 모델로 만들어진 이 지도는 임진왜란 때 조선을 침략한 일본인들이 사용한 지도이지요.

그런데 중요한 것은, 이 지도에도 울릉도와 독도가 조선 땅이라고 정확히 표시되었다는 사실이에요. 우리가 만든 지도가 아닌 일본인이 만든 조선 지도에 울릉도와 독도가 정확히 표시되어 있다는 것은 아주 의미심장한 일이지요.

도 어디에도 울릉도와 독도는 나와 있지 않아요. 앞서 살펴본 〈다케시마(죽도) 방각도〉처럼 오키 섬까지만 일본 영토로 표시되어 있을 뿐, 울릉도와 독도의 모습은 찾아볼 수 없지요. 이것은 울릉도와 독도가 일본 영토가 아니라는 증거입니다.

18세기와 19세기의 조선과 일본의 지도

일본이 울릉도와 독도를 노리는 것을 알게 된 조선은 지도에 울릉도와 독도의 위치를 정확하게 표시하기 시작했어요. 이때 제작된 대표적인 우리나라 지도가 바로 〈해동여지도〉예요. 안타깝게도 누가 만들었는지는 전해지지 않지만, 분명 이 지도에 울릉도와 독도가 우리나라의 영토라고 정확하게 나와 있답니다. 특히 우산도(독도)에 그려져 있는 뾰족한 산봉우리가 이 섬이 독도라는 것을 확실하게 보여 주지요.

그렇다면 비슷한 시기에 일본에서 만든 지도는 어떨까요? 1785년 일본의 하야시 시헤이라는 학자는 조선의 지도와 일본의 지도를 함께 연구해 〈삼국접양지도〉를 만

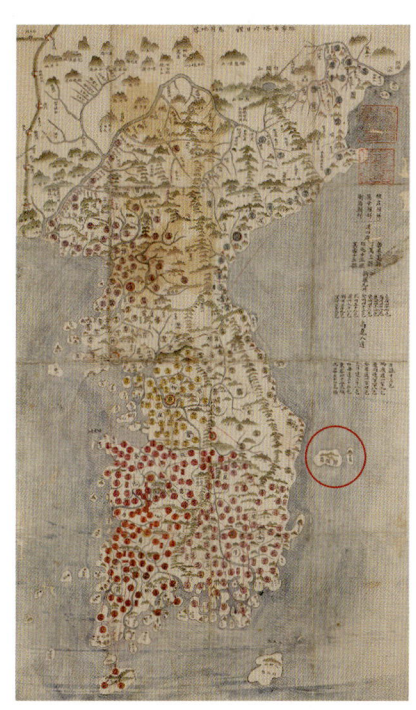

1777년부터 1787년 사이에 만들어진 것으로 여겨지는 〈해동여지도〉에는 우리나라 땅 울릉도와 독도가 정확하게 표시되어 있어요.

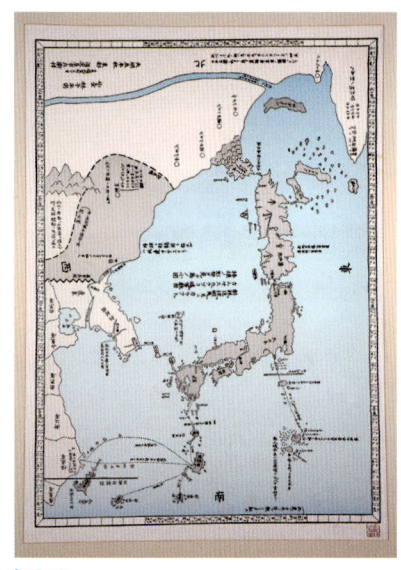
울릉도와 독도가 조선의 땅이라고 적혀 있는
〈삼국접양지도〉예요.

들었어요. 이 지도는 삼국(三國)이라는 말 그대로 조선과 일본 중국의 세 나라에 접해 있는 동해 바다를 중심으로 만든 지도예요. 이 지도에는 한반도와 울릉도, 독도가 같은 노란색이고 '조선의 소유'라고 되어 있어요.

조선과 일본의 지도를 연구하여 새롭게 만든 지도에 울릉도와 독도의 주인이 조선으로 되어 있는 것은 독도가 옛날부터 우리 땅이었다는 아주 중요한 자료지요.

독도가 조선 땅이라는 인식은 19세기까지 계속 이어졌어요. 일본은 19세기에 접어들자 나라의 모든 지역을 직접 측량해서 지도를 제작하려는 계획을 세워요. 이 작업을 맡은 사람은 일본의 김정호라 할 수 있는 이노 타다타카였어요.

이노 타다타카는 일본 에도 막부의 지시를 받고 약 20년에 걸쳐 일본 전국을 직접 돌아다니면서 1821년 〈대일본연해여지노정전도〉라는 지도를 만들었어요.

이 지도는 오늘날의 첨단 기술로 만든 일본 지도와 비교해도 큰 오차가 없을 정도로 정확하다고 해요. 당시의 기술로 사람이 직접 돌아다니면서 이렇게 정확한 지도를 그릴 수 있었다는 게 믿기지 않을 정도입니다.

그런데 정확하기로 소문난 이 지도에도 울릉도와 독도는 없어요. 일본의 몇몇 학자들은 당시 이노 타다타카가 병을 앓고 있었기 때문에 울릉도와 독도에 갈 수 없었다고 말해요.

하지만 이노 타다타카가 직접 쓴 '측량 일기'를 보면 울릉도와 독도를 측량할 생각이 전혀 없

일본 에도 막부가 가장 마지막으로 만든 일본 공식 지도 〈대일본연해여지노정전도〉예요. 이 지도에도 울릉도와 독도의 모습은 찾아볼 수 없어요.

었다는 걸 알 수 있어요. 이것은 이노 타다타카도, 일본 전국 지도를 그리라고 지시한 일본 에도 막부도 '일본 전국 지도에 울릉도와 독도는 넣을 필요가 없다.'고 생각했다는 것을 보여 주지요. 당시의 일본 사람들은 울릉도와 독도가 조선 영토라는 것을 분명하게 알고 있었던 거예요.

일본이 모르는 독도의 진실 04

일본은 17세기에 일본 어부들이 울릉도와 독도에 드나들었다는 것을 근거로 조선이 울릉도와 독도를 포기한 것과 다름없다고 말합니다. 또 일본 에도 막부가 울릉도와 독도를 일본 땅으로 생각해 울릉도에 출입할 수 있는 도해 면허를 내주었다고 주장하지만 이는 사실을 왜곡시킨 주장입니다. 에도 막부는 울릉도와 독도가 일본 땅이 아니라는 것을 정확히 알고 있었으니까요.

일본 주장 1

1635년 일본이 쇄국령을 내렸을 때 울릉도와 독도는 포함되지 않았습니다.

에도 막부가 울릉도와 독도를 조선 땅으로 생각했다면, 1635년 일본이 나라의 허락 없이 외국에 가는 것을 금지하는 '쇄국령'을 내렸을 때 울릉도와 독도가 포함되었어야 합니다. 하지만 이 두 섬은 포함되지 않았습니다. 이것은 에도 막부가 울릉도와 독도를 일본 땅으로 생각했다는 증거입니다.

한국 주장 1

조선은 일본과 정식으로 국교를 맺은 나라이므로 쇄국령에 포함되는 국가가 아닙니다.

1635년 일본에서 내린 쇄국령에는 조선 자체가 포함되어 있지 않았습니다. 당시에는 조선 선조 임금과 일본 도쿠가와 이에야스가 단절되었던 두 나라의 국교를 회복하고 조선 통신사들이 다시 일본을 방문하면서 조선은 일본과 정식으로 국교를 맺고 있었던 나라이기 때문입니다.

그러므로 당시 쇄국령에는 조선을 포함할 필요가 없었습니다. 위와 같은 일본의 주장은 일본 에도 시대에 정식으로 국교를 맺은 유일한 나라가 조선이라는 것을 제대로 이해하지 못한 주장입니다.

일본 주장 2

일본은 울릉도 도해 면허를 발급해
울릉도와 독도 주변 조업을 허가하며 독도 영유권을 확립했습니다.

일본 돗토리 번 주민 '오야'와 '무라카와' 가문 사람들은 1620년 경에 울릉도 도해 면허를 교부 받아 울릉도에서 합법적으로 조업을 했습니다. 70년에 걸쳐 울릉도에서 독점 조업을 한 두 가문 사람들은 울릉도에서 딴 전복을 에도 막부 관백(쇼군)을 비롯한 막부 주요 관리들에게 헌상하는 등 에도 막부의 공인 아래 울릉도를 독점적으로 경영했습니다.

또한 울릉도로 가는 길목에 있던 독도 역시 울릉도로 가던 도중 배를 대어 강치나 전복을 잡기 위해 자주 들르던 섬이었습니다. 그렇게 17세기 중엽 일본은 독도의 영유권을 확립했습니다.

한국 주장 2

울릉도 도해 면허는 불법 면허였으며
1696년 에도 막부는 울릉도 도해 금지령을 내렸습니다.

에도 막부가 발급했다고 하는 울릉도 도해 면허는 돗토리 번 '오야'와 '무라카와' 가문 사람들이 에도 막부 관리에게 선물을 주고 청탁하여 얻은 면허로, 합법적으로 발급된 것이 아닙니다. 이것은 돗토리 번 어부들이 일본 에도 막부의 관백(쇼군)을 비롯한 막부의 주요 관리들에게 계속 전복 등을 헌상했다는 것에서도 알 수 있습니다.

게다가 울릉도 도해 면허의 유효 기간은 1년이었는데 그 후 70년이 넘는 세월 동안 면허는 단 한 번도 갱신되지 않았습니다. 따라서 돗토리 번 어부들은 불법 면허를 가지고 약 70년 동안이나 울릉도와 독도에서 조업 활동을 한 것이며 이는 명백히 조선의 영토를 침범한 행동입니다.

또한 에도 막부는 1696년에 울릉도 도해 금지령을 내려 일본인이 울릉도와 독도에 건너가지 못하도록 지시했습니다. 이것은 일본이 울릉도와 독도가 일본 땅이 아니라는 것을 인정한 증거입니다.

일본 주장 3
일본인이 70년 간 울릉도와 독도 주변에서 경제 활동을 해도 조선은 아무런 조치를 취하지 않았습니다.

일본의 '오야'와 '무라카와' 가문 사람들은 약 70년 간 누구의 방해도 받지 않고 울릉도와 독도 주변에서 조업 활동을 했습니다. 만약 조선이 울릉도와 독도를 조선 땅으로 생각했다면 일본인이 울릉도와 독도 근처에서 강치를 잡고 해산물을 채취하는 것을 막았을 것입니다.

그러나 조선은 아무런 조치도 취하지 않았습니다. 이것은 조선이 울릉도와 독도를 일본 땅으로 인정한 것이나 다름없습니다.

한국 주장 3
울릉도에서 몰래 경제 활동을 한 일본인 하치에몬은 일본 관리에게 체포되어 사형당했습니다.

'오야'와 '무라카와' 가문 사람들이 울릉도에 간 것은 1년에 한 번 뿐이어서 조선 관리들의 감시를 피할 수 있었습니다. 따라서 조선은 조취를 취하지 않은 것이 아니라 취하지 못한 것입니다.

또한 조선은 1614년부터 대마 번에 울릉도와 독도가 조선 땅이라는 것을 분명히 전달했습니다. 그러나 '오야'와 '무라카와' 가문 사람들은 이 사실을 알고도 불법으로 울릉도 도해 면허를 발급 받아 울릉도와 독도를 드나들었습니다. 1693년 안용복을 계기로 일본인들이 울릉도와 독도에 자주 출입한다는 사실이 조선 정부에 알려졌고, 조선은 '울릉도는 조선 땅이니 일본인들의 출입을 금지한다.'고 적힌 문서를 일본에 보내 울릉도에 대한 주권을 분명히 행사했습니다.

또한 일본인 하치에몬은 울릉도에 몰래 건너가 경제 활동을 한 죄로 처형되었습니다. 이것은 조선과 일본 모두 울릉도와 독도가 조선 땅이라는 사실을 분명히 알고 있었다는 증거입니다.

이렇듯 조선은 울릉도와 독도에 일본인이 들어오는 것을 허용한 적이 없으며 일본 땅으로 인정한 적도 없습니다.

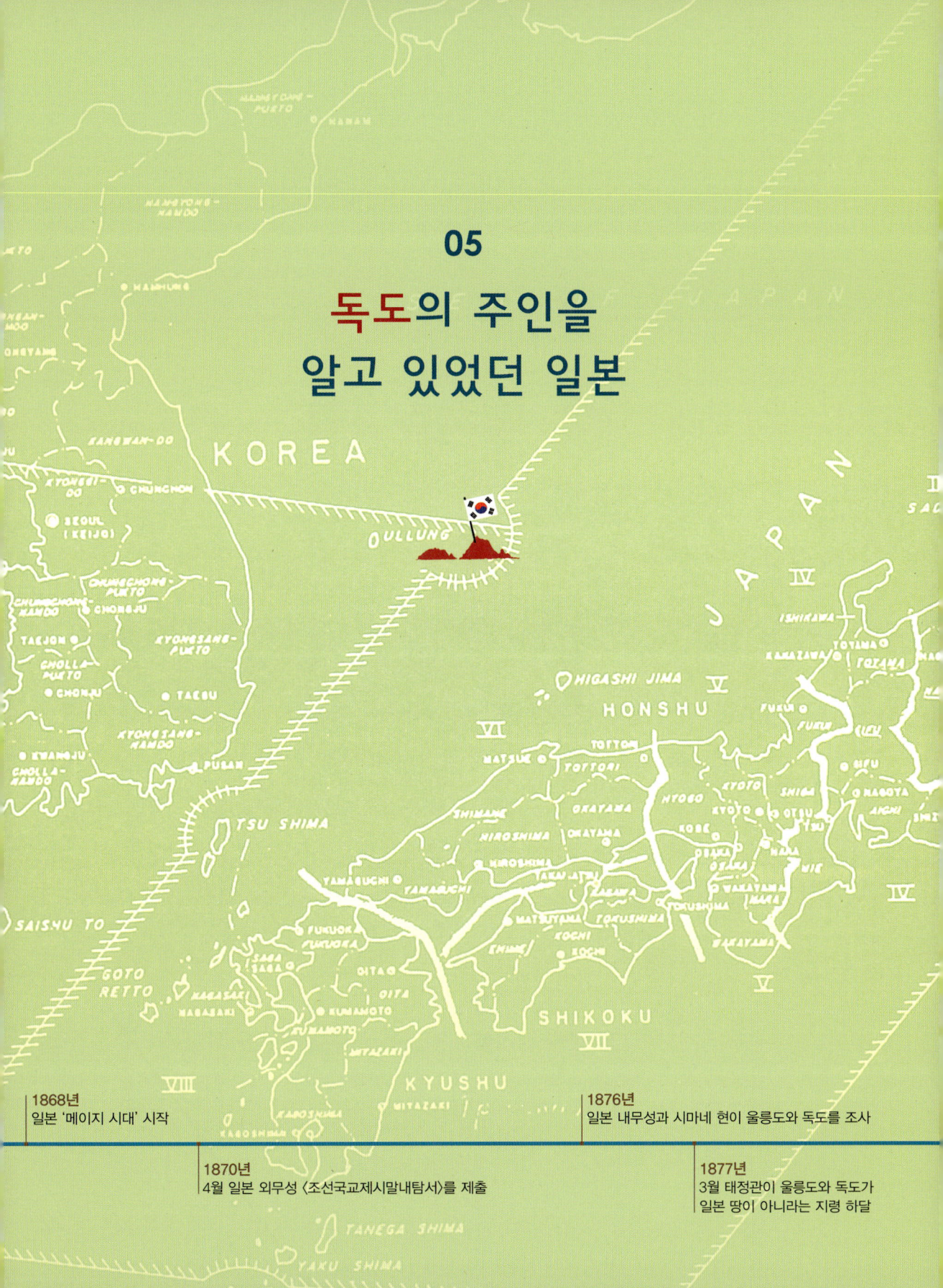

05
독도의 주인을 알고 있었던 일본

1868년
일본 '메이지 시대' 시작

1870년
4월 일본 외무성 〈조선국교제시말내탐서〉를 제출

1876년
일본 내무성과 시마네 현이 울릉도와 독도를 조사

1877년
3월 태정관이 울릉도와 독도가 일본 땅이 아니라는 지령 하달

1
울릉도와 독도를 욕심낸 시마네 현의 사라진 꿈

"아, 대체 언제쯤 연락이 오려나?"

시마네 현 지사는 목이 빠져라 기다렸다. 두 손을 싹싹 비비고 방 안을 이리저리 돌아다니며 초조함을 감추지 못했다. 시마네 현 지사가 초조해 하는 까닭은 모두 한 장의 문서 때문이었다.

1876년 어느 날, 일본 외교를 담당하는 기관인 외무성에서는 관리들의 치열한 갑론을박이 벌어지고 있었다. 울릉도와 그 주변을 개척하고 싶다는 내용이 담긴 문서가 외무성 앞으로 제출되었기 때문이었다. 외무성 관리들의 의견은 둘로 갈라졌다.

"다케시마(울릉도)와 마쓰시마(독도)는 예부터 조선의 땅이었습니다. 그러니 그 두 섬을 개척한다는 것은 절대 불가능한 일입니다."

"아닙니다. 메이지 시대가 된 지금, 이 문서를 기회 삼아 다케시마(울릉도)와 마쓰시마(독도)를 일본 땅으로 만들어야 합니다."

외무성 관리들의 의견 대립은 끝날 기미가 보이지 않았다. 결국 외무성은 나라 안 일을 담당하는 내무성에 다케시마(울릉도)와 마쓰시마(독도)에 대한 조사를 해 달라는 청을 넣었다. 부탁을 받은 내무성 관리들도 고민하기는 마찬가지였다. 내무성 관리들 역시 마쓰시마(독도)에 대해 잘 몰랐기 때문이다.

"어찌하면 좋을까요?"

"아무래도 직접 조사해야 겠습니다. 시마네 현으로 갑시다. 그나마 마쓰시마(독도)를 잘 알고 있던 돗토리가 지금 시마네 현에 포함되었으니까요."

이 소식을 들은 시마네 현 지사는 깜짝 놀랐다. 평소에 얼굴 한 번 보기 힘든 내무성 관리들이 갑자기 내려온 것도 놀랄 일인데, 그들이 온 이유는 더 뜻밖이었기 때문이다.

"지사, 우리는 다케시마(울릉도)와 마쓰시마(독도)가 일본 영토인지 아닌지를 알아보기 위해 왔습니다. 이에 대해 뭔가 아는 것이 있습니까?"

시마네 현 지사는 다케시마(울릉도)와 마쓰시마(독도)를 잘 알고 있었다. 또 이 두 섬이 조선의 영토라는 사실도 알고 있었다. 그런데 갑자기 이 두 섬이 일본 땅인지 아닌지를 조사하기 위해 왔다니, 어리둥절할 뿐이었다. 고민하던 지사는 일단 중앙 정부의 명을 따르기로 하고, 관리들에게 이 두 섬을 조사하라고 지시했다.

며칠 후 조사 보고서가 올라왔다. 결과는 예상대로였다. 보고서에는 옛 에도 막부 시절에 작성된 문서에 '다케시마(울릉도)와 마쓰시마(독도)는 일본 영토가 아니다.'라고 적혀 있는 걸로 봐서, 당시 이 두 섬은 일본 땅이 아니라는 결론이 났다는 내용이었다. 그런데 마지막에 지사의 눈을 번쩍 뜨이게 하는 문구가 있었다.

'분명 옛 에도 시대에 다케시마(울릉도)와 마쓰시마(독도)는 일본 땅이 아니었습니다. 그러나 지금 에도 막부가 사라지고 새로운 메이지 정부 시대가 열린 마당에, 옛 문서를 가지고 나라의 영토를 결정하는 것은 섣부른 생각일지도 모릅니다.'

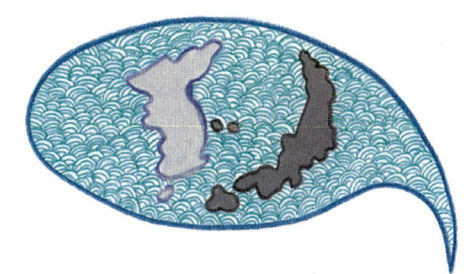

시마네 현 지사는 한참을 고민하다가 자신의 의견을 정리하여 내무성에 보고서를 올렸다.

〈다케시마와 마쓰시마에 관한 보고서〉
에도 시대에 다케시마(울릉도)와 마쓰시마(독도)는 일본 영토가 아니었습니다. 하지만 이제 메이지 시대로 바뀌었으니 일본의 영토로, 즉 우리 시마네 현 땅에 편입시켜도 되지 않을까 합니다.

내무성 관리는 시마네 현의 보고서를 몇 번이고 되풀이해 읽었지만, 도저히 결론을 내릴 수가 없었다.

"일본 영토가 아니었던 땅이 시대가 바뀐다고 해서 일본 땅이 될 리는 없지 않은가……. 이를 어쩌나."

내무성 관리의 입에서 한숨이 절로 나왔다. 아무리 생각해도 나

라의 영토를 결정하는 중대한 문제를 내무성 단독으로 결정할 수는 없는 일이었다. 그때 내무성 관리의 머릿속에 번뜩 스쳐가는 생각이 있었다. 바로 일본 최고의 권력 기관인 '태정관'에 묻는 것이었다.

그런 것도 모른 채 지금 시마네 현 지사는 내무성의 소식을 목이 빠져라 기다리고 있었다. 다케시마(울릉도)와 마쓰시마(독도)에 대한 주위의 이야기는 지사를 더욱 기대하게 만들었다.

"다케시마(울릉도)는 인삼이 그렇게 유명하다지? 인삼이 몸에 좋다던데. 게다가 다케시마(울릉도)와 마쓰시마(독도) 주변 바다에는 우리 시마네 현 바다와는 비교가 안 될 정도로 물고기가 많다지. 아이고, 왜 이렇게 연락이 안 오는 거야!"

얼마 뒤, 애타게 기다리던 소식이 들려왔다.

"태정관이 내무성에 보낸 문서의 사본이 우리 시마네 현에 도착한다는 소식입니다!"

"태정관? 이상하군……. 왜 태정관이 내무성에 문서를 보냈지? 내무성이 태정관에 보고한 건가?"

지사의 마음에 불안이 싹틀 무렵, 드디어 태정관이 내무성에 보낸 문서 사본이 시마네 현에 도착했다. 지사는 떨리는 손으로 문서를 읽었다. 그런데 문서를 다 읽은 시마네 현 지사의 표정이 좋지 않았다. 시마네 현 지사는 참담한 얼굴로 문서를 내려놓았다. 지사가 떨어뜨린 문서에는 다음과 같은 내용이 적혀 있었다.

다케시마(울릉도) 외 1개의 섬(독도)는 일본과 아무 관계가 없는 것이니, 명심하도록 하라.

−1877년 3월 28일 태정관−

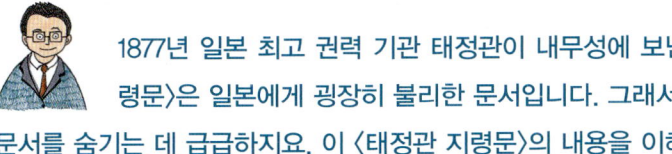

1877년 일본 최고 권력 기관 태정관이 내무성에 보낸 문서 〈태정관 지령문〉은 일본에게 굉장히 불리한 문서입니다. 그래서 일본은 지금도 이 문서를 숨기는 데 급급하지요. 이 〈태정관 지령문〉의 내용을 이해하면 독도가 대한민국 땅이라는 것을 더욱 확실히 알 수 있습니다.

2
울릉도와 독도를 조사한 일본

메이지 유신으로 새 시대를 맞은 일본

1853년, 일본에서는 새 시대를 맞이하게 될 놀라운 사건이 일어났어요. 서양 여러 나라가 아시아를 식민지로 만드는 데 혈안이 되어 있던 시절, 나라의 문을 굳게 닫았던 일본이 해군을 이끌고 일본의 개국을 요구하던 미국의 페리 제독 앞에 무릎을 꿇고 만 거예요. 그 뒤로 일본은 미국, 영국을 비롯한 서양 여러 나라들과 불평등 조약을 맺었어요.

일본 백성들은 에도 막부가 서양의 무력 앞에 힘없이 굴복하자 불만이 점점 커졌어요. 결국 각 지방의 무사들이 에도 막부를 타도하자며 힘을 모았어요.

1868년, 마침내 에도 시대가 끝나고 일본을 근대화로 이끈 새로운 '메이지 시대'가 도래했지요.

새 시대를 맞이한 일본은 가장 가까운 나라였던 조선과 새롭게 교류를 맺으려고 했어요. 하지만 당시 조선의 최고 통치자였던 흥선 대원군은 이를 단호히 거절했어요. 쇄국 정책을 고수하고 있던 흥선 대원군은 나라의 문을 열고 서양의 문물을 받아들인 일본을 좋게 보지 않았거든요. 결국 조선과 일본 사이는 점점 나빠졌어요. 그러자 일본에서는 일본을 무시하는 조선을 무력으로 공격하자는 이야기까지 나왔어요.

흥선 대원군 이하응이에요. 고종의 아버지였던 흥선 대원군은 어린 나이에 왕위에 오른 고종을 대신해 1873년까지 조선을 통치했어요.

울릉도와 독도는 조선의 영토

1870년 일본 외무성이 갑자기 울릉도와 독도를 조사했어요.

외무성이 무슨 일을 하는 기관이기에 울릉도와 독도를 조사했을까요? 외무성은 말 그대로 '나라의 바깥 일'을 책임지는 부서예요. 지금 우리나라의 '외교 통상부'와 같은 역할을 한다고 생각하면 쉽지요.

외무성은 관리들에게 울릉도와 독도를 꼼꼼하게 조사하라고 지시했어요. 조금이라도 허점이 있으면 바로 일본의 영토로 만들겠다는 의도였지요.

조사를 마친 관리들은 다음과 같은 문서를 작성하고 문서의 제목을 '다케시마(울릉도)와 마쓰시마(독도)가 조선에 부속된 이유'라고 붙여 일본 정부에 보고했어요. 나라에서 정식으로 파견한 조사원 모두 울릉도와 독도가 조선의 부속, 즉 조선 땅이라는 것을 인정한 것이지요.

〈다케시마(울릉도) 마쓰시마(독도)가 조선에 부속된 이유〉
마쓰시마는 다케시마의 옆에 있는 섬이지만, 아직까지 마쓰시마에 관해 게재된 공문서는 없습니다. 다케시마는 조선이 한동안 그곳에 거류하는 사람을 파견하였으나 곧 예전과 같은 무인도가 되었습니다. 그곳에서는 대나무와 굵은 갈대 그리고 인삼 등이 자라며 어획량도 많다고 합니다.

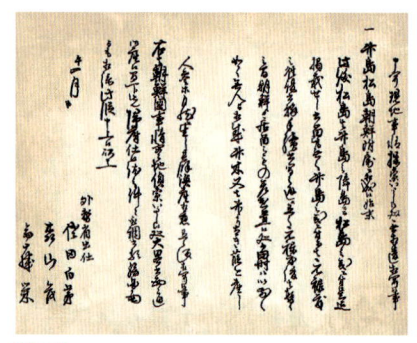

일본 외무성이 작성한 보고서 〈조선국교제시 말내탐서〉에 포함된 〈다케시마(울릉도) 마쓰시마(독도)가 조선에 부속된 이유〉예요.

이 문서에는 울릉도에 대해 자세히 기록되어 있어요. 조선 시대 초에는 쇄환 정책으로 울릉도를 비워 놓아 사람이 살지 않았다는 것과 울릉도 근처에는 물고기가 많다는 것 그리고 울릉도 특산물이 대나무와 인삼이라는 것도 꼼꼼히 기록되어 있지요.

하지만 독도에 대해서는 '다케시마(울릉

도)의 옆에 있는 섬이지만 아직까지 마쓰시마(독도)에 관해 게재된 공문서는 없다.'는 단 한 줄뿐이었어요. 독도에 대한 언급이 거의 없는 걸 보면 이때 일본은 독도에 큰 관심이 없었던 것이지요.

울릉도와 독도를 탐낸 일본의 시마네 현

시마네 현은 울릉도와 독도가 조선 땅이라는 것을 이미 알고 있었어요. 하지만 그 사실을 쉽게 인정하지 않았지요. 울릉도가 자원이 풍부한 섬이라는 것을 익히 알고 있었던 시마네 현은 울릉도와 독도를 시마네 현 땅으로 만들고 싶어 했어요. 그런데 마침 1876년 일본 내무성에서 시마네 현의 지적을 조사하러 온 것이지요.

외무성이 나라 바깥일을 보는 기관이라면, 내무성은 나라 안 일을 보는 기관이에요. 시마네 현은 내무성 관리들과 함께 울릉도와 독도를 조사했지요. 그러나 결과는 마찬가지였어요.

예부터 울릉도와 독도는 일본 땅이 아닌 조선 땅이었다는 것이지요. 그런데도 시마네 현은 포기하지 않고 내무성 관리에게 "오키

섬을 따라 조금만 가면 다케시마(울릉도)와 마쓰시마(독도)가 나옵니다. 에도 시대에는 일본 땅이 아니었지만 메이지 시대가 되었으니 이 두 섬을 우리 영토로 포함하면 어떨까요?" 하고 보고했어요.

보고를 받은 내무성 관리들은 울릉도와 독도가 정말 일본 땅이 될 수 있는지를 다시 한 번 조사하기로 했어요.

내무성 관리들은 울릉도와 독도를 꼼꼼하게 조사했어요. 나라의 영토를 정하는 중요한 일에는 한 치의 실수도 있어서는 안 되기 때문이에요.

내무성 관리들은 안용복이 일본에 납치당한 일을 계기로, 일본 에도 막부가 '울릉도는 조선의 영토이니, 일본인들의 출입을 금한다.'고 명령한 문서도 검토했어요. 이 문서에는 아무런 문제가 없었지요.

일본 최고의 권력 기관 태정관

태정관은 일본 메이지 시대의 최고 권력 기관이에요. 하지만 오늘날 일본에는 없는 기관이지요.

메이지 시대 전까지 중앙 정부 체계를 갖추지 못했던 일본은 짧은 시간 안에 국가의 틀을 바로잡아야 했어요. 그래서 나라 안의 일을 다스리는 행정, 나라를 운영하는 기준이 되는 법을 만들고 관리하는 사법, 이렇게 만들어진 법을 나랏일에 적용하는 입법의 기능을 동시에 가진 기관을 설립했어요. 이런 성격의 기관이 절대적인 명령을 내리면 나라의 기틀이 더욱 빠르고 확실하게 잡힐 거라고 생각한 것이지요. 이 권한을 모두 가진 기관이 바로 태정관이에요. 오늘날 '일본'이라는 나라의 틀을 튼튼히 다진 최고의 권력 기관이지요.

하지만 내무성은 이런 결정적인 문서를 보고도 쉽게 결론을 내리지 못했어요. 그래서 결국 당시 일본 최고의 권력 기관이었던 '태정관'에 문의합니다.

내무성이 태정관에 보낸 문서의 내용은 다음과 같아요.

다케시마(울릉도) 외 1개의 섬(독도)에 대해 여쭐 게 있습니다. 시마네 현에서 이 두 섬이 시마네 현에 포함되는 지역인지를 물어 와 조사했습니다. 그러자 이전 정부(에도 막부)와 조선이 이 두 섬을 놓고 협의를 한 사실이 드러났습니다. 그 협의서를 보면 아시겠지만, 이전 정부는 다케시마(울릉도) 외 1개의 섬(독도)이 일본과 아무 관련이 없다고 했습니다. 하지만 나라의 영토를 정하는 일은 굉장히 중요한 사안이기에 내무성 혼자 결정하기는 어려워 이렇게 태정관에 여쭙니다. 협의서를 함께 보내니 읽고 판단해 주시기 바랍니다.

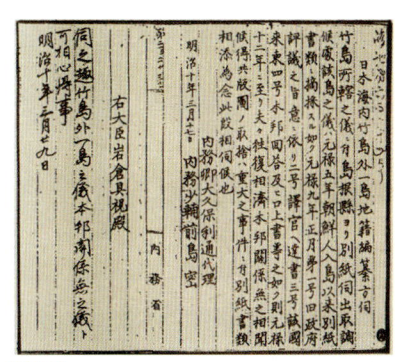

1877년 일본 내무성이 울릉도와 독도를 일본 땅으로 포함시킬 것인지를 태정관에 물은 문서예요.

- 내무성

3
태정관에서 내린 명령

태정관이 내린 결론

울릉도와 독도가 어느 나라 땅인지 고민하던 내무성은 이 문제를 태정관에 문의했어요. 그런데 태정관의 답은 허무할 정도로 간단했어요.

1877년 3월 28일
다케시마(울릉도) 외 1개의 섬(독도)는 일본과 아무 관계가 없는 것이니, 명심하도록 하라.

-태정관

태정관은 이러한 명령이 담긴 문서에 〈기죽도약도〉라는 지도를 함께 실어 '다케시마 외 1개의 섬'이 울릉도와 독도를 지칭한다는 것을 확실히 했어요.

〈기죽도약도〉를 잘 살펴보세요. 왼쪽에 크고 넓은 섬이 보이지요? 이 섬이 바로 울릉도예요. 동해에 사람이 살 수 있을 정도로 크고 널찍한 섬은 울릉도밖에 없어요.

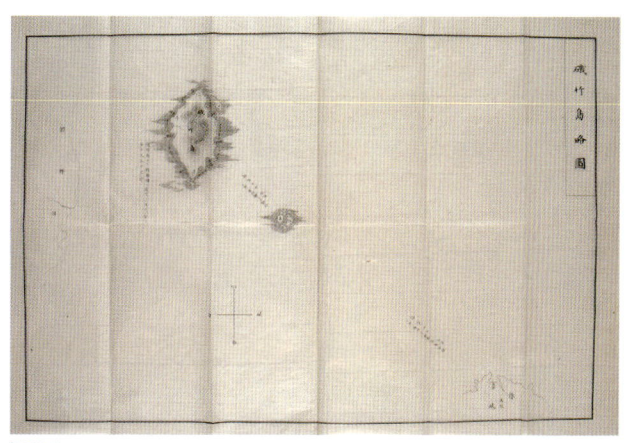

〈기죽도약도〉의 모습이에요. 일본 정부가 숨겨 놓았던 이 지도는 2005년에 어느 한 양심적인 일본인 덕에 세상에 공개될 수 있었습니다.

이번에는 울릉도 오른쪽에 그려진 섬을 잘 보세요. 두 개의 섬이 중심이 되어 주변에 작은 섬 몇 개가 표현된 것이 독도의 동도, 서도의 모습과 똑같아요.

울릉도 근처에서 큰 바위섬 두 개와 작은 바위섬 여러 개가 한데 모여 이루어진 섬은 오직 독도뿐이에요.

1877년 3월 28일 일본 최고 권력 기관인 태정관에서 내린 〈태정관 지령문〉과 〈기죽도약도〉가 갖는 힘은 엄청납니다. 독도가 일본 땅이라고 우기는 일본의 주장을 단 한 번에 무너뜨릴 수 있을 만큼 강력하지요.

독도가 일본 땅이라는 주장은 태정관의 명령을 어기는 일

태정관은 1885년에 폐지된 기관이지만 태정관이 내렸던 명령은 지금까지도 일본 사회에 엄청난 영향을 미치고 있어요.

그것은 일본이 현재까지 '태정관에서 내린 모든 명령은 나중에 따로 변경하였다는 내용이 없는 한, 여전히 효력이 있다.'라고 판단해 왔기 때문이에요.

그렇다면 앞으로 일본이 1877년 3월 28일에 태정관이 내린 명령을 없던 것으로 하겠다고 선언하면 어떻게 될까요?

소용없는 일이에요. 독도 문제가 본격적으로 불거지기 시작한

1952년 이후에는 독도와 관련해서 자국에 유리하게 법을 바꾸는 것은 국제법적으로 무효가 되기 때문이에요.

그러므로 태정관에서 '울릉도와 독도는 일본 영토가 아니라는 것을 명심하라.'고 내린 명령은 지금도 유효하답니다.

그래서 일본은 이 〈태정관 지령문〉을 최대한 숨기려 하고 있지요.

따라서 지금 일본이 독도가 일본 땅이라고 주장하는 것은 현재에도 법적 효력을 갖는 자신들의 옛 결정을 스스로 거스르는 행동인 것입니다.

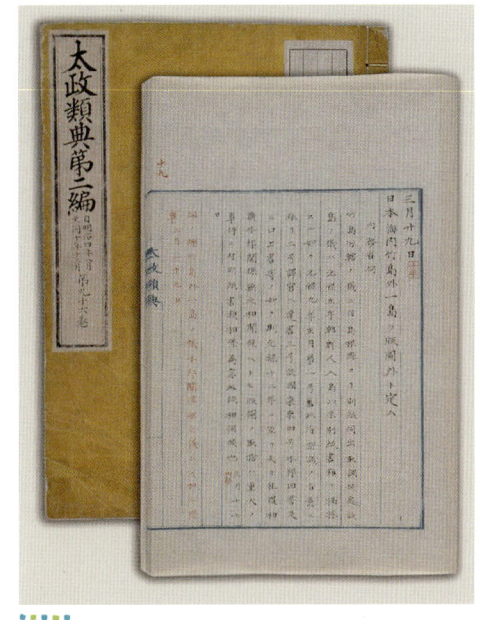

울릉도와 독도가 일본과는 관계없는 섬이라는 사실이 적혀 있는 〈태정관 지령문〉의 모습이에요.

일본이 모르는 독도의 진실 05

현재 일본 정부는 〈태정관 지령문〉이 화제가 되어 널리 알려지는 것을 걱정하고 있습니다. 일본 도쿄의 국립공문서관에 있는 이 문서는 독도가 일본과 관계가 없는 땅이라는 사실을 분명하게 보여 주는 문서입니다. 그래서 일본 정부는 일본의 독도 영유권 주장에 불리한 이 문서를 최대한 숨기려 하고 있지요. 일본의 학자들도 이 문서에 대해서는 되도록 말을 아끼고 있습니다.

일본 주장 1

태정관 지령문에는 '다케시마(울릉도) 외 1개의 섬(독도)'이 '조선 땅'이라고는 적혀 있지 않습니다.

태정관 지령문에는 다케시마(울릉도) 외 1개의 섬(독도)이 일본과 관계가 없다고 했지 조선 땅이라고 적지는 않았습니다. 이것은 이 두 섬이 당시 주인이 없었던 땅이라는 뜻도 될 수 있습니다.

한국 주장 1

1870년 일본 메이지 정부는 '울릉도와 독도는 조선의 부속' 이라는 결론을 내렸습니다.

태정관 지령문이 발행되기 7년 전인 1870년에도 일본 메이지 정부는 울릉도와 독도를 조사해 이 두 섬이 조선에 부속된 섬이라는 결론을 내렸습니다.

따라서 태정관 지령문의 '일본과 관계가 없다.'는 말은 울릉도와 독도가 조선 땅이라고 해석하는 게 옳습니다.

이뿐만이 아닙니다. 현재 많은 일본 학자들은 울릉도 도해 금지령에 '일본인이 울릉도로 가는 것을 금지한다.'고 적혀 있을 뿐 '울릉도는 조선 땅'이라는 말이 명시되어 있지 않은데도 '울릉도는 조선 땅이었다.'고 해석합니다. 태정관 지령문의 문구도 이 같은 이치로 해석하여 울릉도와 독도를 조선 땅으로 인정했다고 보아야 맞습니다.

일본 주장 2

**태정관 지령문은 오래된 옛 문서이므로
일본에서도 철저히 조사하고 있습니다.**

1877년에 작성된 태정관 지령문은 '다케시마(울릉도)외 1개의 섬(독도)은 일본과 관계가 없다는 것을 명심할 것'이라고 적혀 있습니다. 이 문서는 오래된 문서이기 때문에 일본에서도 이 문서를 철저히 조사하고 있습니다.

한국 주장 2

**태정관 지령문의 조사가 끝나면, 일본은 독도가
대한민국 영토라는 것을 스스로 고백하게 될 것입니다.**

2006년 대한민국 연합뉴스에서는 일본 정부에 태정관 지령문에 대한 공식 질의서를 보내 '일본 메이지 정부가 독도를 일본 땅이 아니라고 한 것에 대해 어떻게 생각하는지'를 물었습니다. 그러자 일본 정부는 이 문서의 존재는 알고 있지만 조사하는 중이라 답변하기 어렵다고 전해 왔습니다. 그 후로 두 번 더 일본 정부에 공식적인 답변을 요청했지만, 계속 조사 중이라는 답변만 되풀이할 뿐 일본 정부는 구체적인 언급을 피하고 있습니다. 이것은 태정관 지령문이 일본에게 굉장히 불리한 문서라는 점을 보여 주는 증거입니다.

게다가 필자가 2005년 일본 도쿄의 국립공문서관에 가서 태정관 지령문 원본을 열람하고 싶다고 요청하자 직원이 원본이라며 들고 온 문서는 내용을 알아볼 수 없게 일부러 글씨를 흘려 쓴 데다 울릉도와 독도가 일본과 관계가 없다는 것을 보여 주는 〈기죽도약도〉도 빠진 가짜 필사본이었습니다.

지금은 태정관 지령문의 진짜 원본의 열람을 요청해도 상당한 이유가 없는 한 열람할 수 없다고 거절하고 있습니다.

가짜 필사본까지 만든 것은 태정관 지령문이 일본의 독도 영유권 주장 논리에 치명적인 내용을 담고 있다는 것을 일본 스스로 인정한 것과 다름없습니다. 그러므로 일본은 이 태정관 지령문을 영원히 조사 중이라고 말할 것입니다. 조사가 끝나면 독도가 일본 영토가 아니라는 사실을 스스로 고백해야 하기 때문입니다.

일본 주장 3

태정관 지령문의 '외 1개의 섬'은 독도가 아닙니다.

태정관 지령문에는 '다케시마(울릉도) 외 1개의 섬'이 일본과 관계가 없다고 적혀 있을 뿐, 이 '외 1개의 섬'이 독도라고는 하지 않았습니다.

그러므로 이 태정관 지령문은 독도가 일본 땅이 아님을 보여 주는 결정적인 증거라고 할 수 없습니다.

한국 주장 3

태정관 지령문의 〈기죽도약도〉는 '다케시마 외 1개의 섬'이 각각 '울릉도'와 '독도'라는 것을 증명합니다.

'외 1개의 섬'은 독도가 확실합니다. 태정관 지령문 5쪽에는 '외 1개의 섬'을 마쓰시마(松島)라고 한다는 내용이 나와 있습니다. 마쓰시마는 당시 일본 사람들이 독도를 부르던 말입니다.

또한 태정관 지령문에는 '다케시마 외 1개의 섬'이 울릉도와 독도라는 것을 확실하게 증명하는 〈기죽도약도〉라는 지도가 수록되어 '외 1개의 섬'이 독도라는 것을 명백하게 보여줍니다.

일본은 아직도 이 점을 숨기는 데 급급하며 한국 측 주장에 대해 반박하지 못하고 있습니다.

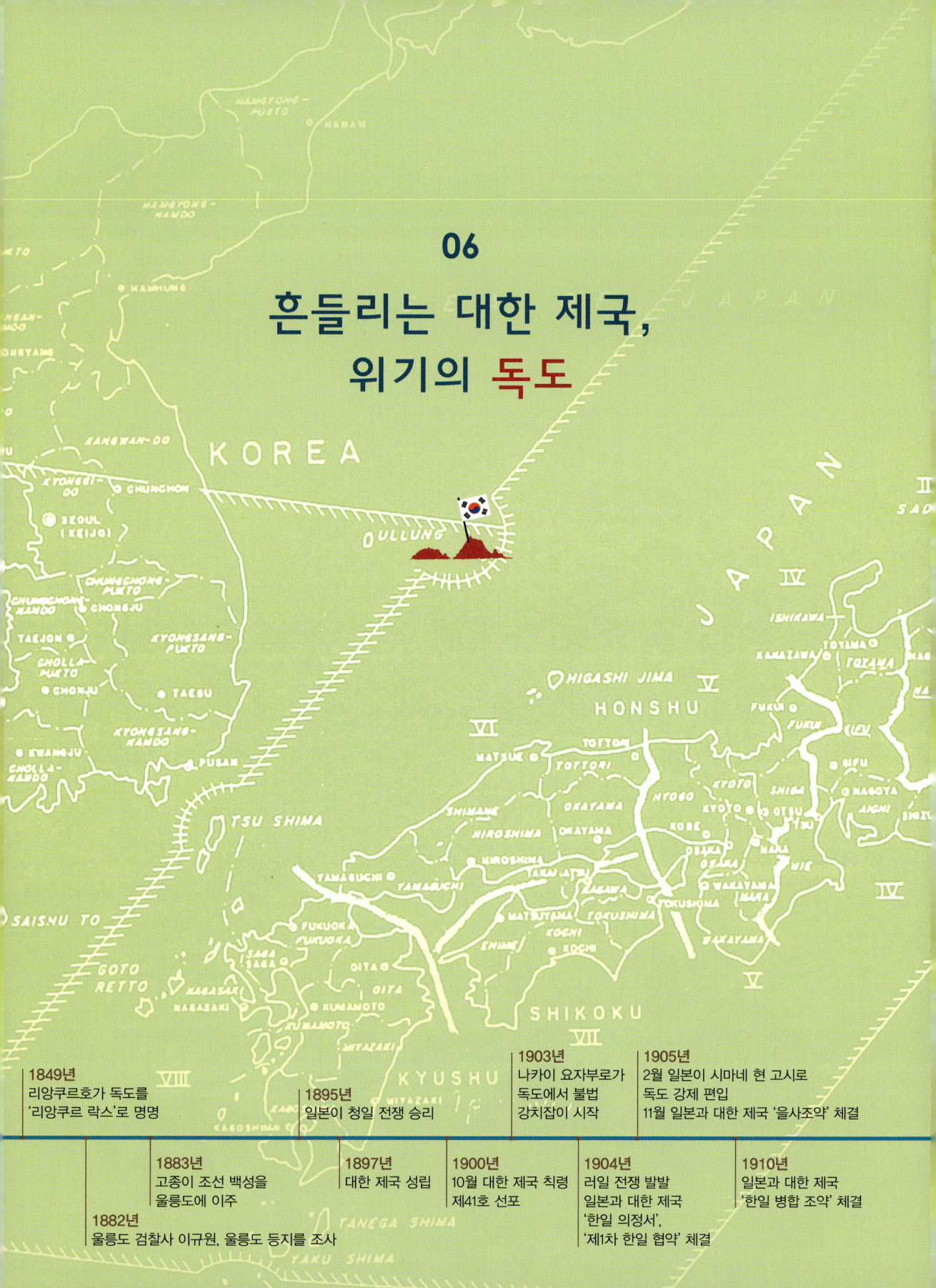

06
흔들리는 대한 제국, 위기의 독도

1849년
리앙쿠르호가 독도를 '리앙쿠르 락스'로 명명

1882년
울릉도 검찰사 이규원, 울릉도 등지를 조사

1883년
고종이 조선 백성을 울릉도에 이주

1895년
일본이 청일 전쟁 승리

1897년
대한 제국 성립

1900년
10월 대한 제국 칙령 제41호 선포

1903년
나카이 요자부로가 독도에서 불법 강치잡이 시작

1904년
러일 전쟁 발발
일본과 대한 제국 '한일 의정서', '제1차 한일 협약' 체결

1905년
2월 일본이 시마네 현 고시로 독도 강제 편입
11월 일본과 대한 제국 '을사조약' 체결

1910년
일본과 대한 제국 '한일 병합 조약' 체결

1
울릉도와 독도를 지키려 한 고종 황제

"대한 제국 고종 황제 폐하 행차요!"

경운궁(지금의 덕수궁)에 모인 신하들이 무릎을 꿇고 머리를 조아렸다. 악사들은 각자 악기를 들어 황제의 즉위를 기뻐하는 웅장한 음악을 연주했다. 군사들은 창칼을 높이 들어 황제를 지켰다. 잠시 뒤 의장대 뒤로 고종

황제가 탄 어가가 모습을 드러냈다. 결의에 찬 고종 황제의 모습을 본 사람들은 감격에 찬 목소리로 외쳤다.

"황제 폐하 만세! 만세! 대한 제국 만세, 만세!"

서울은 지금 왕이 아니라 황제를 맞이하는 기쁨에 들썩이고 있었다. 하지만 오직 단 한 명, 그 기쁨을 온전히 느끼지 못하는 사람이 있었다. 바로 고종 황제, 자신이었다.

'청, 일본, 러시아의 세력 다툼에 황후는 궁 안에서 일본 낭인의 칼에 죽음을 맞고 말았다. 나 역시 백성을 다스리는 한 나라의 왕인데도 궁이 아닌 러시아 공사관에서 보호를 받아야 했다. 그런데 이런 나를 뭐라고 백성들이 이렇게 반긴단 말인가…….'

　고종 황제는 사방에서 쏟아지는 환호성이 온통 자신을 꾸짖는 소리처럼 들렸다. 수많은 백성들이 자신에게 지금까지 나라를 지키기 위해 무엇을 했냐고 묻는 것만 같았다. 가슴이 아팠다. 그러나 고종 황제는 자신을 향해 만세를 외치는 백성들을 보며 이내 마음을 다잡았다.

　'약해지면 안 된다. 나는 이 나라의 황제이기에, 이 나라와 백성을 지켜야 하는 존재이기에!'

　고종 황제의 머릿속은 위태로운 나라를 다시 일으켜 세우고 싶은 열망으로 가득했다. 나라 이름을 '조선'에서 삼한을 아우른다는 뜻의 '대한'으로 바꾸고, 황제의 나라로 승격시키기로 마음먹은 것도 그래서였다. 내 나라 대한 제국은 아직 건재하다고 알리기 위해서, 외세의 침략에 결코 굴하지 않겠다는 것을 보여 주기 위해서!

　환구단 앞에 선 고종은 황제 즉위식을 올리며 만백성과 신하들을 향해 대한 제국의 탄생을 선포했다. 1897년 10월 12일의 일이었다.

　"요즘은 일본인들이 울릉도와 우산도(독도)를 넘보지 않는가?"

　고종의 물음에 신하들은 고개를 조아리며 대답했다.

　"예, 그러하옵니다. 황제 폐하. 노서아(지금의 러시아)와 우리의

관계가 친밀함을 알기에 쉽게 접근하지 못하는 것 같사옵니다."

고종 황제는 지금이 울릉도와 독도가 대한 제국의 영토임을 전 세계에 알릴 절호의 기회라고 생각했다.

"앞으로도 일본인들이 울릉도와 우산도(독도)에 얼씬도 못하게 하라. 그들에게 우리의 땅을 한 치도 내어 줄 수 없다. 짐은 울릉도와 우산도(독도)의 주인을 명확히 할 생각이다. 세계 열강들에게 어느 나라가 울릉도 우산도(독도)의 주인인지 확실하게 알린다면, 아무리 일본이라도 섣불리 행동하지는 못할 것이다."

"좋은 생각이시옵니다, 폐하."

고종 황제는 울릉도와 독도 주변을 면밀히 조사하게 했다. 항해술과 측량술이 미흡했던 조선 시대에는 같은 섬을 보고도 다른 섬이라고 착각하는 일이 종종 있었기 때문이다. 울릉도와 죽도, 우산도(독도) 이 세 개의 섬이 동해에 있다는 것을 확실히 파악한 고종 황제는 곧바로 신하들을 불러 명했다.

"울릉도는 홀로된 섬이 아니오. 죽도와 우산도(독도) 그리고 그 지역 바다를 모두 아우르는 거대한 군도요. 그러니 그곳을 군으로 승격하겠소."

고종 황제의 명은 곧바로 '대한 제국 칙령 제41호'로 선포되었다. 그리고 1900년 10월 25일 나라의 소식을 알리는 공식 소식지인 관보에 실어 공포했다. 고종 황제는 울릉도와 죽도 그리고 독도가 대한 제국의 영토임을 전 세계에 당당히 알린 것이다.

 19세기에 이르러 조선은 큰 변화를 맞이하게 됩니다. 청과 일본, 러시아 외에도 서양 세력이 본격적으로 조선을 침략하면서 조선의 앞날은 바람 앞에 선 등불같이 위태로웠지요. 하지만 대한 제국이 성립되자 고종 황제는 국가 영토에 대해서 분명한 입장을 취했습니다. 동해의 작은 섬 독도 역시 명백한 대한 제국의 땅이라는 것을 전 세계에 알렸지요.

2
대한 제국 칙령 제41호

다시 사람이 살기 시작한 울릉도

안용복의 활약 이후 조선은 울릉도와 독도의 행정 관리를 강화했지만 울릉도로 가는 바닷길이 너무 험하고 울릉도의 인삼이 큰 이익을 주지 못하자 다시 관리가 소홀해졌어요.

그러자 일본인들이 다시 울릉도에 잠입했고 몰래 터를 잡고 사는 일본인들도 생겼습니다.

그러던 1881년, 고종은 80여 년 만에 울릉도를 조사한 관리에게 아주 충격적인 보고를 듣게 됩니다.

"전하, 일본인들이 울릉도를 마치 자신들의

조선의 26대 왕 고종의 모습이에요. 고종이 왕위에 올랐던 때는 조선이 외세의 침략에 위태롭던 시기였어요.

땅인 양 마음대로 돌아다니는 것을 목격하였습니다. 그들은 울릉도의 나무도 마구 베어 갔는데 그게 잘못인지도 모르는 눈치였습니다."

일본인들이 조선의 영토를 함부로 넘나든다는 말을 들은 고종은 깜짝 놀랐어요. 가만히 있다가는 울릉도와 독도를 빼앗길지도 모른다고 생각했지요.

고종은 먼저 신하 이규원을 '울릉도 검찰사'로 임명했어요. 울릉도가 정말 사람이 살 만한 땅인지 조사하기 위해서였지요.

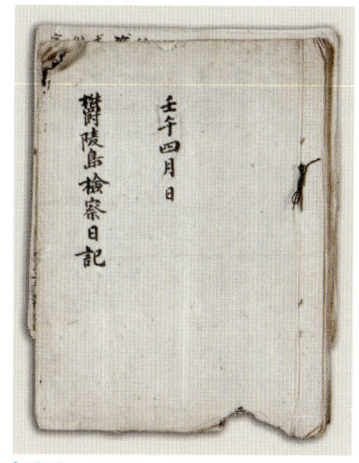

1882년 고종의 명령을 받은 울릉도 검찰사 이규원이 울릉도 조사 활동 내용을 기록한 《울릉도 검찰 일기》예요.

고종의 명을 받은 이규원은 울릉도를 샅샅이 조사했어요. 그리고 고종에게 한시라도 빨리 울릉도에 조선 백성들을 살게 해야 울릉도와 독도를 노리는 일본의 야욕을 막을 수 있다면서 이렇게 말했어요.

"설사 한 치의 작은 땅이라도 우리 조선의 땅인데, 어떻게 그냥 내버려 둘 수 있겠습니까?"

이규원의 보고를 들은 고종은 울릉도 이주 정책을 실행에 옮기기로 결정했어요. 울릉도가 사람 없는 땅이 된 지 약 480년 만의 일이었어요.

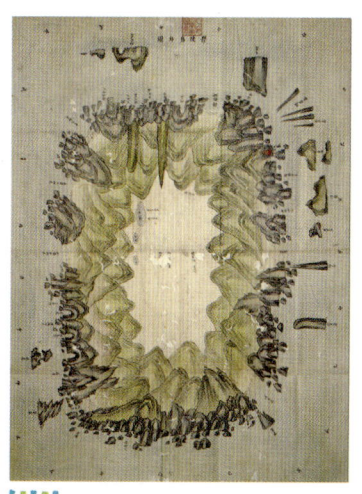

이규원이 울릉도를 조사하면서 그린 〈울릉도 외도〉예요.

울릉도의 첫 이주민, 전라도 사람들

울릉도는 강원도와 경상도에 근접해 있어요. 울릉도는 신라 시대부터 조선 시대까지 강원도에 속했고 지금은 경상북도에 속해 있지요. 재미있는 사실 하나! 울릉도의 첫 이주민 중에는 강원도와 경상도 사람들보다 전라도 사람들이 많았답니다.

예부터 전라도 사람들은 울릉도와 독도에서 벌목을 하고 미역과 전복을 채취했어요. 1882년 이규원의 보고서에도 전라도 사람들이 많다는 내용이 나오지요. 특히 남해 바다 거문도의 어민들이 울릉도로 많이 향했어요. 멀리 떨어진 곳에 살았던 전라도 사람들이 어떻게 울릉도를 자주 왕래할 수 있었을까요?

비밀은 바로 해류에 있어요. 전라도 아래 남해 바다에는 쿠로시오 해류가 흐르는데, 이 쿠로시오 해류의 한 지류인 쓰시마 해류가 갈라지면서 대한 해협을 따라 동해 연안을 타고 북상하는 동한 난류가 형성되지요. 이 동한 난류를 타면 거문도에서 울릉도까지 빠르고 편하게 갈 수 있어요. 실제로 거문도 사람들이 부르는 뱃노래 가사에도 울릉도의 이름이 자주 등장한답니다. 또 거문도에서는 울릉도에서만 자라는 노간주나무로 만든 절구와 다듬이도 볼 수 있지요.

서양에 알려지기 시작한 울릉도와 독도

1883년 울릉도 이주 정책이 본격적으로 시작되었어요. 그 과정에서 무려 254명이나 되는 일본인들이 울릉도에 불법으로 살고 있다는 것이 밝혀졌지요. 고종이 일본에 항의하자 울릉도에 살던 일본인들 모두 일본 정부가 보낸 배를 타고 돌아갔어요. 하지만 일본인들은 계속 몰래 울릉도로 넘어왔어요. 그런데 당시 울릉도와 독도에 온 건 일본인들만이 아니었어요.

19세기 유럽에는 향유고래가 열풍이었어요. 질 좋은 기름을 몸 안에 잔뜩 품은 향유고래는 거대한 황금이나 마찬가지였지요. 서양의 여러 나라들은 함대를 조직해 향유고래를 마구 잡았어요. 그러자 태평양 유역의 향유고래 수는 점점 줄어들었고, 향유고래를 찾아 더 멀리 배를 몰던 서양 사람들은 동해 바다까지 오게 되었어요. 그러다 울릉도와 독도를 목격하지요.

그러나 당시 많은 유럽 사람들은 울릉도와 독도가 조선 땅이라는 것을 알지 못했어요. 그들이 이 두 섬을 처음 발견했다고 착각하고는 제멋대로 이름붙였지요. 울릉도에는 프랑스 육군 사관 학교 교수이자 천문학자인 다줄레(Dagelet)의 이름을 따 '다줄레 섬'으로, 독도는 프랑스 고래잡이배 '리앙쿠르 호'의 이름을 따서 '리앙쿠르 락스(Liancourt Rocks)', 즉 '리앙쿠르 암'이라고 이름붙였어요. 고종은 서양 사람들이 멋대로 우리 땅에 들어와 국경을 위협하는 행동을 두고 볼 수 없었어요. 그래서 울릉도와 독도가 대한 제국의 영토임을 밝히는 칙령을 반포하지요.

대한 제국 칙령 제41호

조선은 1897년 고종이 '대한'을 새로운 국호로 정하고 연호를 광

무라 하며 스스로 국왕에서 황제로 즉위하면서 대한 제국으로 새롭게 거듭났어요. 이 모두가 외세에 시달리던 나라를 다시 바로 세우겠다는 고종의 강한 의지였어요. 마침 그때는 일본이 한반도 내의 반일 감정이 누그러지길 바라던 때였고 러시아가 조선에 호의를 보이던 때라서 고종 황제는 더욱 강한 의지로 대한 제국을 세울 수 있었던 것이지요.

곧이어 고종 황제는 1899년 최초의 헌법 '대한국국제'를 반포하여 대한 제국이 자주 독립 국가라는 것을 온 세상에 알렸지요. 또 고종 황제는 울릉도와 독도를 눈여겨보며 다른 나라가 대한 제국의 땅을 노리지 못하도록 국가 영토를 확실히 하기로 결심합니다. 그래서 대한 제국 칙령 제41호를 반포하게 되지요.

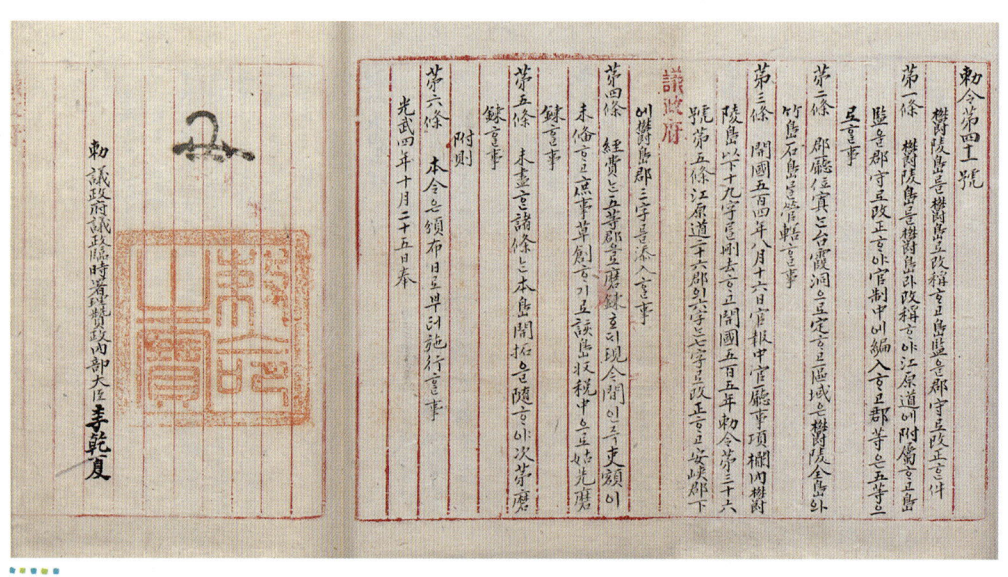
대한 제국 칙령 제41호예요.

칙령 제41호의 내용은 간단합니다. '울릉도와 죽도(울릉도 동쪽 2킬로미터 거리에 있는 작은 섬) 그리고 석도(독도)를 묶어 '울도군'의 관할 지역으로 정하고 원래 이 지역을 다스리던 관리를 군수로 승격시킨다.'는 내용이었지요.

그리고 이 사실을 전 세계가 알 수 있도록 관보에 실어 공포했어요.

칙령 제41호와 '독도'라는 이름

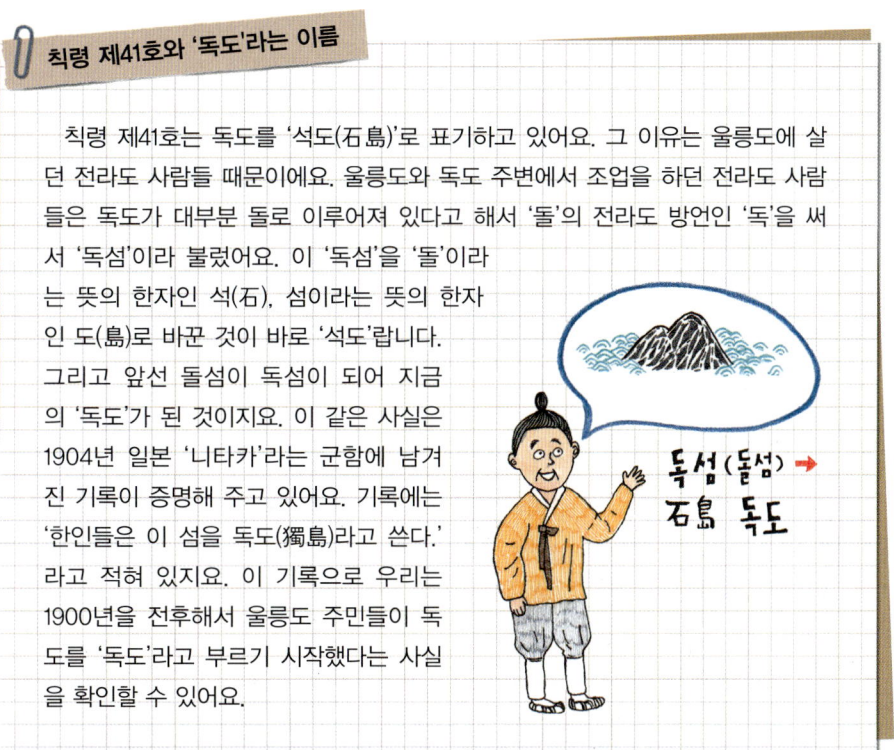

칙령 제41호는 독도를 '석도(石島)'로 표기하고 있어요. 그 이유는 울릉도에 살던 전라도 사람들 때문이에요. 울릉도와 독도 주변에서 조업을 하던 전라도 사람들은 독도가 대부분 돌로 이루어져 있다고 해서 '돌'의 전라도 방언인 '독'을 써서 '독섬'이라 불렀어요. 이 '독섬'을 '돌'이라는 뜻의 한자인 석(石), 섬이라는 뜻의 한자인 도(島)로 바꾼 것이 바로 '석도'랍니다. 그리고 앞선 돌섬이 독섬이 되어 지금의 '독도'가 된 것이지요. 이 같은 사실은 1904년 일본 '니타카'라는 군함에 남겨진 기록이 증명해 주고 있어요. 기록에는 '한인들은 이 섬을 독도(獨島)라고 쓴다.'라고 적혀 있지요. 이 기록으로 우리는 1900년을 전후해서 울릉도 주민들이 독도를 '독도'라고 부르기 시작했다는 사실을 확인할 수 있어요.

칙령은 황제의 명령이므로 국법과 마찬가지고 관보는 법령과 정부 시책을 국민들과 전 세계 사람들에게 널리 알리는 목적으로 발행하는 공식 기록 매체이므로 공신력이 아주 높지요. 그래서 이 사실을 알게 된 일본 역시 이에 반발하지 못했어요. 당연한 일이에요. 고종 황제는 원래부터 대한 제국 영토였던 땅을 진짜 대한 제국 땅이 확실하다고 다시 알린 것이니까요.

1900년 10월 25일에 반포한 '대한 제국 칙령 제41호'는 외세의 침략을 받던 시절에도 대한 제국이 우리의 영토를 지키기 위해 끝까지 노력했다는 것을 알려 주는 중요한 자료랍니다.

독도에 세금 정책을 실시했던 조선

우리가 독도를 계속 다스리고 관리했다는 증거가 또 있어요. 대한 제국 칙령 제41호가 반포되기 약 10년 전인 1889년에는 조선과 일본 양국 어선이 상대국의 바다에서 조업할 경우, 상대국에 어업세를 납부해야 한다는 규정이 바로 그것이지요. 예를 들어 울릉도 주변 바다에 일본 어선이 들어올 경우 부산에 있던 일본 영사관을 통해 조선 정부에 어업세를 내고 허가증을 받아야만 어업을 할 수 있었어요. 그런데 일본 어선들이 조선의 허가를 받아 전복이나 우뭇가사리 등을 채취하기 위해 울릉도와 독도에 간 기록이 남아 있어요. 그리고 울릉도와 독도에서 채취한 전복을 일본에 수출할 때 일본인들이 울릉 도감에게 수출세를 납부했다는 기록도 있지요. 이런 기록들은 당시 조선이 울릉도만 아니라 독도를 지배했다는 강력한 증거 자료랍니다. 독도는 오래 전부터 분명한 우리 땅이었던 거예요.

3
1905년, 몰래 빼앗긴 독도

서서히 시작되는 일본의 대한 제국 침략

1900년 무렵, 일본은 무얼 하고 있었을까요? 일본은 전쟁 준비에 열을 올리고 있었어요. 한반도에서 러시아 세력을 무력으로 몰아내고 일본 세력을 동북아시아 전 지역으로 더 넓히기 위해서였지요. 일본은 1904년 2월 8일 인천과 랴오둥 반도에 있던 러시아 함대를 기습하여 전쟁을 일으켰어요. 그러고는 2월 23일 대한 제국과 '한일 의정서'를 강제로 체결하고, 같은 해 8월에 '제1차 한일 협약'을 체결하지요. 일본은 제1차 한일 협약의 내용을 근거로 일본이 추천한 외교, 재정 고문을 대한 제국에 두도록 하여 대한 제국의 정치와 경제를 흔들기 시작했어요.

일본은 대한 제국의 안전을 보호한다는 명목으로 대한 제국의 땅

러일 전쟁 당시 평양을 점령한 일본 군대의 모습이에요.

을 마음대로 이용하며 러일 전쟁을 준비했어요.

대한 제국의 서울과 다른 도시들을 점령한 일본은 한반도에 철도를 놓아 전쟁 물자와 일본 군인들을 실어 나르고 대한 제국 백성들까지 강제로 전쟁에 동원했어요.

또 일본은 고종 황제에게 러시아와 대한 제국 간의 모든 외교 관계를 끊으라고 압박했어요. 대한 제국을 침략하겠다는 야심을 서서히 드러내기 시작한 거예요.

러일 전쟁과 독도

러일 전쟁을 벌인 일본이 가장 두려워한 것은 바로 러시아의 무적 함대인 '발틱 함대'였어요. 이 발틱 함대가 동해를 건너와 일본을 공격해 온다면 일본은 그대로 무너져 버릴 수 있었거든요. 그래서 일본은 울릉도와 독도에 경계 초소를 세우고 발틱 함대의 움직임을 감시했어요. 그 초소 덕에 일본은 발틱 함대를 대부분 침몰시킬 수 있었답니다. 이 일로 일본은 독도가 군사적으로도 얼마나 중요한 섬인지 다시 깨닫게 되지요.

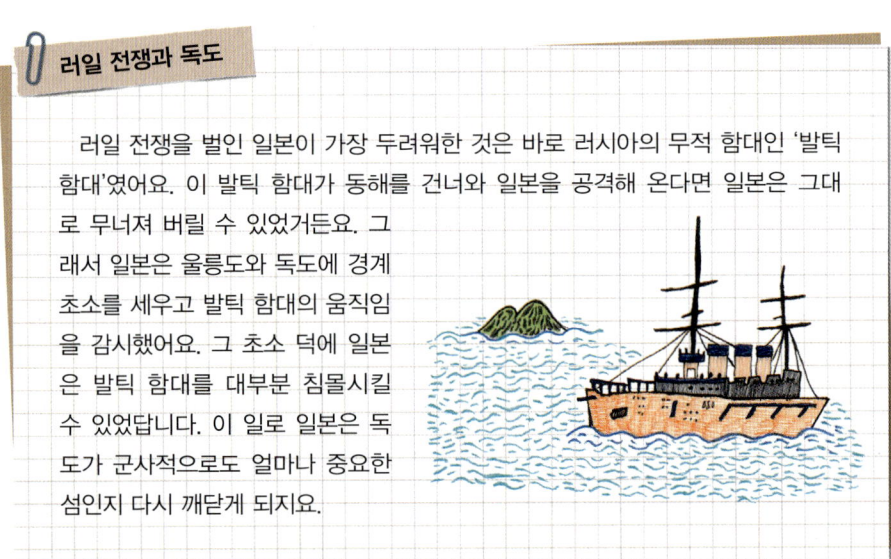

강치를 학살한 나카이 요자부로

독도 북서쪽 앞바다에는 평상처럼 넓고 평평하게 자리 잡은 '가제바위'가 있습니다. '가제'는 바다사자의 일종인 강치의 사투리로, 이 평평한 바위 위에 강치가 모여 놀았다 하여 가제바위라는 이름이 붙었지요.

원래 독도에는 많은 강치들이 살고 있었어요. 하지만 지금 독도에서는 강치를 단 한 마리도 볼 수 없어요. 환경 파괴 때문일까요, 아니면 갑작스러운 생태계의 변화 때문일까요? 바로 사람 때문입니다. 강치가 사라진 건 나카이 요자부로라는 한 사람의 욕심 때문이었어요.

일본이 러시아와의 전쟁 준비에 여념이 없을 무렵, 일본 오키 섬의 어부 나카이 요자부로는 강치 가죽과 기름이 비싸게 팔린다는 것을 알게 되었어요. 그런 강치가 독도 주변에 많이 살고 있다는 것도 알았지요.

독도에서 바라본 독도 가제바위의 평화로운 모습이에요.

나카이 요자부로는 곧바로 배를 끌고 독도로 가서 강치들을 마구 잡았어요. 그렇게 나카이 요자부로 일행이 강치를 잡기 시작한 1903년부터 독도에 사는 강치의 수가 급격히 줄어들기 시작했지요.

그러나 독도의 시련은 강치 학살로만 끝나

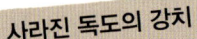

사라진 독도의 강치

"아직 젖을 떼지 못한 새끼들도 잔인하게 때려 죽였으며, 암컷은 그물로 잡았고, 몸집이 큰 강치는 총으로 사살했다……."

일본인 작가 이즈미 마사히코가 쓴 책 《영해 없는 섬 죽도=독도 비사》의 한 부분이에요. 나카이 요자부로 일행이 강치를 잡아 죽이는 장면을 기록한 부분이지요. 글만으로도 그 상황이 얼마나 끔찍했을지 짐작할 수 있어요.

지 않았어요. 나카이 요자부로를 보고 몇몇 일본 지도부 사람들이 독도를 빼앗을 계획을 세웠기 때문이에요.

나카이 요자부로를 이용해 독도를 차지하려 한 일본

1904년, 나카이 요자부로는 도쿄로 향했어요. 일본 정부에 요청해 대한 제국으로부터 '독도 어업 독점권'을 받아 내기 위해서였지요. 나카이 요자부로는 독도가 대한 제국 땅이라는 것을 확실히 알고 있었어요.

그런데 독도 어업 독점권을 달라고 찾아간 나카이 요자부로는 이상한 이야기를 듣습니다. 일본 해군성의 키모쓰키라는 사람이 독도가 대한 제국 영토가 아닐지도 모른다고 말한 것이지요.

"그곳은 대한 제국의 영토가 아닌 것 같은데……. 아직 주인 없는 섬일지도 모르니 자네가 자세히 한 번 알아보게나. 아니, 오히려 자네가 그곳을 일본 영토로 편입시켜 달라고 청원하는 건 어떤가. 그렇게 되기만 한다면야 일본의 국익에 커다란 도움을 주는 것일세."

이 말을 들은 나카이 요자부로는 곧장 일본 내무성 관리를 찾아가 아예 독도를 일본 영토로 편입시켜 편하게 강치를 잡을 수 있도록 해 달라고 합니다.

뒤죽박죽인 독도의 일본 이름

1877년 태정관 지령문에서 본 울릉도의 일본 이름은 '다케시마', 독도의 일본 이름은 '마쓰시마'였어요.

하지만 1883년에 만들어진 일본 해군성 공식 문서 《환영수로지》에는 이 두 섬의 이름이 바뀌어 있답니다. 울릉도는 '마쓰시마'로, 독도는 서양 사람들이 붙인 이름인 '리앙쿠르 암'의 일본식 발음인 '리안코르트 열암'으로요.

마치 일본은 원래부터 독도라는 섬을 전혀 모르고 있었고, 서양 사람들이 처음 독도를 발견한 것처럼 말이에요. 이것은 나중에 편찬된 《조선수로지》에 실린 지도에서도 마찬가지였어요. 그리고 지금 일본은 독도의 이름을 울릉도의 옛 이름인 '다케시마'로 부르고 있어요.

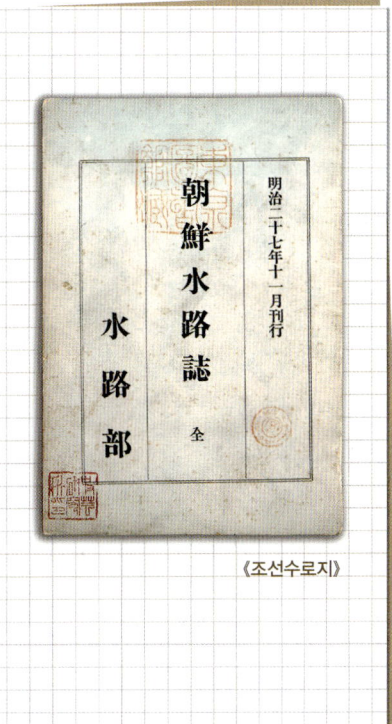

《조선수로지》

불법으로 독도를 빼앗아 간 일본

그런데 일이 쉽게 풀릴 거라고 기대했던 나카이 요자부로는 생각지도 못한 장애물을 만납니다. 내무성에서 다음과 같은 답변을 보내며 나카이 요자부로의 청원을 거절한 것이지요.

"러일 전쟁 중에 대한 제국의 영토일지도 모르는 일개 암초를 차지하려고 했다가는 일본이 대한 제국을 합병하려 한다는 의심만 살 수 있습니다."

그러나 나카이 요자부로는 포기하지 않고 일본 외무성 정무 국장 야마자 엔지로를 만나 다시 의논했어요. 외무성 정부 국장은 이렇게 답했어요.

"외교 문제를 다루는 데 나라 안 일을 감독하는 내무성의 의견은 고려할 필요 없습니다. 당신의 청원서를 지금 바로 외무성으로 보내도록 하시오."

나카이 요자부로는 즉시 외무성에 독도를 일본 땅으로 만들자는 청원서를 냈습니다.

그리고 1905년 1월 28일, 일본 정부는 오키 섬의 일본 어부 나카이 요자부로가 동해에 있는 이름도 없고 주인도 없는 섬에 1903년부터 이주해 2년 간 강치잡이를 했다는 이유로 '무주지 선점 조건'에 따라 그 섬을 일본 시마네 현 영토로 편입시키고 '다케시마'라고 부르기로 결정해요.

독도에 대해 아무것도 모르는 척하고 울릉도의 일본 이름이었던

'다케시마'를 독도의 이름으로 부르기로 한 것이에요. 그리고 1905년 2월 22일 시마네 현 고시로 독도를 시마네 현의 오키 섬 부속으로 강제 편입시켰어요.

더욱 안타까운 것은 대한 제국이 일본이 독도를 시마네 현으로 강제 편입한 지 1년이 훨씬 지난 뒤에야 이 사실을 알았다는 거예요. 일본이 독도의 강제 편입 사실을 다른 나라들이 알지 못하도록 비밀스럽게 진행했기 때문이에요. 고종 황제가 칙령 제41호를 발표할 때와는 정반대이지요? 일본 역시 독도 강제 편입이 잘못된 것임을 알고 있었기 때문일 거예요

일본이 독도를 몰래 빼앗은 이유

일본은 왜 정부가 직접 나서는 대신 일개 어부인 나카이 요자부로를 앞세워 몰래 독도를 빼앗았을까요? 그건 1904년 대한 제국과 일본이 맺은 '한일 의정서' 제3조 내용 때문이에요. 한일 의정서 제3조에는 '대일본제국 정부는 대한 제국의 독립과 영토 보전을 확실히 보증할 것'이라고 되어 있어요. 만약, 일본 정부가 독도를 공개적으로 일본 땅으로 만들었다면 한일 의정서를 어기는 것이고, 또 일본의 움직임을 주시하고 있던 서양 열강들과 가까운 러시아의 반발을 살 수도 있었지요. 그래서 일본은 독도를 강제로 몰래 빼앗은 것이에요.

위태롭게 흔들리는 대한 제국

일본은 한일 의정서와 제1차 한일 협약 같은 불평등 조약을 연이어 강제 체결하면서 내정 간섭을 강화해 나갔어요. 러일 전쟁은 1905년 5월 일본군이 대한 해협에서 러시아 해군을 상대로 크게 이기면서 일본으로 승기가 기울어졌지요. 그러자 같은 해 7월 일본과 미국은 일본이 미국의 필리핀 지배를 인정하는 대신, 미국은 일본의 대한 제국 지배를 인정한다는 내용의 비밀 조약 '가쓰라-태프트 밀약'을 맺어요. 같은 해 9월, 일본은 러일 전쟁을 승리로 이끌며 '러시아는 일본이 대한 제국을 지배하는 것을 묵인한다.'는 내용이 담긴 '포츠머스 조약'을 맺고 공식적으로 러일 전쟁을 종결했어요.

다른 열강들이 대한 제국에 세력을 넓히지 못하게 막은 일본은 이제 노골적으로 야심을 드러냅니다. 그리고 1905년 11월 대한 제국의 외교권을 박탈한다는 내용의 을사조약(을사늑약)을 마음대로 강제 체결해 버리지요. 을사조약에는 한일 의정서 제3조

중명전에 보관되어 있는 을사조약 문서예요.

에 있었던 '일본 정부는 대한 제국의 독립과 영토 보전을 확실히 보증할 것.'이라는 문구는 찾아볼 수 없었어요. 외교권을 빼앗긴 대한 제국은 일본의 보호국이 되고 말았지요.

일본은 대한 제국을 거의 집어삼켰다고 생각했어요. 독도를 몰래 시마네 현으로 편입시킨 것도 더 이상 숨길 필요가 없었지요.

1906년 3월, 시마네 현 관리들이 독도를 지나 울릉도로 향했어요. 그러고는 울도 군수 심흥택을 만나 독도가 일본 영토가 되었다고 말했지요. 깜짝 놀란 심흥택은 강원도청에 '울도군 소속 독도'가 일본에 편입되었다는 내용의 보고서를 올립니다. 강원도청은 이를 대한 제국 정부에 알렸고, 깜짝 놀란 대한 제국 정부는 다시 명령을 내렸어요.

"그럴 리가 없다. 뭔가 잘못된 것이니, 일본인들의 행동을 주의 깊게 감시하라!"

> **을사오적과 독도**
>
> 을사조약과 같은 불평등 조약을 이끌었던 이른바 '을사오적'도 일본이 몰래 독도를 일본 땅으로 빼앗은 것에 분노했어요. 을사오적은 고종 황제의 신하들로 일제에 항의하면서 회의에 참석하지 않은 고종 황제의 뜻을 어기고 일본이 대한 제국의 외교권을 박탈하고 내정에도 간섭할 수 있다는 내용을 담은 을사조약에 서명한 사람들이에요. 나라의 가장 중요한 권리 중 하나인 외교권을 빼앗기는 조약을 맺는 데 앞장섰던 을사오적도 독도가 대한 제국의 영토라는 건 알고 있었나 봐요.

대한 제국에서 식민지 조선으로

고종 황제는 독도를 빼앗아 간 일본에 직접 항의하려 했지만 그럴 수가 없었어요. 일본이 나랏일을 모두 장악하고 외교권까지 빼앗아 버렸으니까요. 고종 황제는 여러 열강들에게 일본과 대한 제국이 맺은 을사조약은 무효이며 이것은 명백한 침략 조약이고 일본이 대한 제국을 집어삼키려 한다는 것을 알리려 했어요.

1907년 네덜란드 헤이그에서 제2회 만국 평화 회의가 열린다는 사실을 알게 된 고종 황제는 이준, 이상설, 이위종 3명의 헤이그 특사를 보내 일본의 만행을 전 세계에 알리려고 했어요.

헤이그 특사 3인인 이준, 이상설, 이위종(왼쪽부터)의 모습이에요.

그러나 이를 눈치챈 일본의 방해 공작으로 뜻을 이루지 못했어요. 일본은 일본의 허락 없이 밀서를 보냈다는 책임을 물어 1907년 7월 19일 고종 황제를 강제로 물러나게 하고, 7월 31일 대한 제국 군대를 완전히 해산시킨 뒤 8월 27일 고종 황제의 아들 순종을 황제의 자리에 세웠어요.

대한 제국의 마지막 황제 순종의 모습이에요.

결국 일본은 1910년 8월 22일에 열린 어전 회의에서 대한 제국에 '대한 제국 정부에 관한 통치권을 완전 또는 영구히 일본 황제에게 넘겨준다.'는 한일 병합 조약을 강제로 받아들이게 합니다.

이 한일 병합 조약에 총리 대신 이완용과 당시 일본 통감 데라우치가 서명하였지요. 이로써 대한 제국은 국권을 완전히 상실하게 되었어요.

대한 제국을 침략하는 과정에서 독도를 몰래 빼앗은 일본의 행동은 명백한 불법 영토 침탈이었습니다. 그러므로 훗날 일본이 패망했을 때 독도는 당연히 한국의 품으로 돌아와야 했지요.

일본이 모르는 독도의 진실 06

일본 정부는 1870년과 1877년에 독도가 조선 땅이라는 것을 인정했습니다. 대한 제국도 1900년에 독도가 울도군에 속하는 섬이라고 선포했지요. 그러나 일본 정부는 이 사실을 알면서도 모르는 척 독도를 주인 없는 땅으로 왜곡해 1905년에 독도를 몰래 일본 시마네 현으로 강제 편입시켰습니다.

일본 주장 1
1905년 1월 일본은 독도를 일본 영토로 정식 편입했습니다.

일본 어부 나카이 요자부로는 독도에서의 강치잡이 경쟁이 치열해지자 독도에서 독점으로 강치를 잡고 싶다고 건의했습니다. 일본 정부는 시마네 현 의견을 청취하고 독도를 일본의 오키 섬 부속으로 만들어도 괜찮다는 것을 확인한 다음, 1905년 1월 독도를 '다케시마'로 명하고 오키 섬 부속으로 편입시킨 다음 이를 시마네 현 지사에게 전달하였고 신문에도 널리 게재했습니다.

한국 주장 1
1905년 1월 일본은 대한 제국 땅 독도를 불법으로, 강제로 빼앗았습니다.

1900년 대한 제국은 '석도'라는 이름으로 독도를 울도군 소속 섬으로 선포했습니다. 1904년 당시 일본 내무성도 독도가 대한 제국 영토일 가능성이 있으므로 독도의 강제 편입을 반대했습니다. 그러나 일본은 1905년 1월 독도를 오키 섬 부속으로 강제 편입시킨 다음 나라의 관보가 아닌 시마네 현의 현보에 고시했습니다. 이건 일본인들조차 알기 어려운 조치였습니다. 그 뒤 일본은 열강들과 밀약을 맺어 일본이 대한 제국에 간섭하는 것에 반대하지 않도록 하고 1905년 11월 강제로 대한 제국과 '을사조약'을 맺어 외교권을 빼앗았습니다. 그리고 1년 뒤 1906년 3월 독도의 강제 편입을 울도 군수에게 구두로 통보했습니다. 이것은 독도를 정식으로 편입한 것이 아니라 강제로 빼앗은 것임을 분명히 보여 줍니다.

일본 주장 2
1905년 1월 당시 독도는 무주지, 즉 주인 없는 땅이었습니다.

19세기 서양 고래잡이배들은 독도를 주인 없는 섬이라 생각하고 '리앙쿠르 락스' 같은 서양식 이름을 붙였습니다. 그들이 독도의 주인이 있다는 것을 알았다면 이렇게 제멋대로 이름붙이지 않았을 것입니다. 실제로 1905년 1월 이전까지 대한 제국이 독도를 실효적으로 지배한 사실이 없습니다.

서양에서 독도의 주인이 없다고 생각한 것처럼, 일본도 똑같이 생각했기 때문에 1905년 2월 독도를 정당하게 점령하고 '다케시마'로 이름붙여 지배하기 시작한 것입니다.

한국 주장 2
대한 제국은 1900년 칙령 제41호를 통해 독도가 대한 제국 영토라고 선포했습니다.

고종 황제가 1900년 대한 제국 칙령 제41호를 선포하여 독도가 대한 제국 영토임을 확실히 했는데도 1905년 1월 일본은 독도를 강제로 일본 오키 섬 부속으로 하기로 결정하고 2월에는 시마네 현 고시로 발표했습니다. 이것은 명백한 영토 침탈 행위입니다. 또한 서양에서 독도를 주인 없는 땅이라고 생각했다는 증거는 없습니다. 독도뿐 아니라 울릉도에도 서양식 이름을 붙인 것으로 봐서, 울릉도와 독도가 누구 땅인지를 확인하지 않은 것이지 주인 없는 땅으로 생각한 것은 아닙니다.

게다가 독도를 주인 없는 땅이라고 생각해 점령했다는 일본의 주장은 일본 역사 자체를 왜곡한 것입니다. 일본은 1870년 울릉도와 독도가 조선 땅이라는 것을 공문서로 인정했고, 1877년에도 울릉도와 독도가 일본과 상관없는 땅이라고 선포했기 때문입니다. 또한 1905년 이전까지 독도의 주인이 없었다고 하면, 독도는 일본 영토도 아니었다는 뜻이 됩니다. 그런데 현재 일본은 독도가 '일본의 고유 영토'라고 주장하고 17세기 중엽 일본이 독도의 영유권을 확립했다고 주장하는 등 앞뒤 논리가 전혀 맞지 않는 모순된 주장을 펼치고 있습니다.

일본 주장 3
대한 제국 칙령 제41호의 '석도'는 독도를 지칭하는 것이 아닙니다.

만약 대한 제국 칙령 제41호의 '석도'가 정말 독도라면, 왜 '독도'가 아닌 '석도'라고 쓴 것입니까? 또한 어째서 대한민국이 독도의 옛 이름이라고 주장하는 '우산도'라고는 쓰지 않은 것입니까? 게다가 현재 대한민국이 말하는 '독도'라는 이름은 언제 생긴 것입니까?

칙령 제41호의 '석도'가 '독도'라는 대한민국의 주장에는 많은 의문점이 있습니다. 그러나 이러한 의문들이 풀린다고 해도 대한 제국 칙령 제41호가 선포되기 전후에 조선과 대한 제국이 독도를 실효적으로 지배한 사실이 없으므로 현재 대한민국의 독도 지배는 명백한 불법 점거입니다.

한국 주장 3
'석도'는 울릉도 이주민들이 독도를 '돌섬'이라고 부른 것을 한자로 표기한 것입니다.

1882년 《고종실록》에는 고종이 독도를 '우산도'라고 부르자 신하 이규원이 '우산도는 울릉도의 옛 이름이기도 했다.'고 알려 주어 고종이 더 이상 독도를 우산도라고 부르지 않기로 했다는 내용이 나옵니다. 그리고 고종 때 울릉도로 이주한 사람들이 독도를 돌이 많은 섬이라는 뜻의 '돌섬', '독('돌'의 전라도 사투리)섬'으로 부르기 시작하자 대한 제국은 이를 한자로 표기하여 칙령 제41호에 독도를 '석도(石島)'라고 한 것입니다. 그러다 이 '돌섬'이 오늘날 독도라는 이름으로 바뀐 것입니다.

이러한 사실은 1904년 일본 군함 니타카(新高)의 항해 일지에서 확인할 수 있습니다. 항해 일지에는 '한인들은 이 섬을 독도라고 쓴다.'라는 문구가 있습니다. 또한 조선과 대한 제국이 독도를 실효적으로 지배했다는 사실은 1900년대 초 여러 기록에 '울릉도 주민들이 독도로 향해 출항했다.' 등으로 적혀 있는 것에서도 확인할 수 있습니다. 일본은 '울릉도 주민들'을 '주로 울릉도에 살고 있던 일본인들'로 해석하지만 그것은 잘못된 해석입니다.

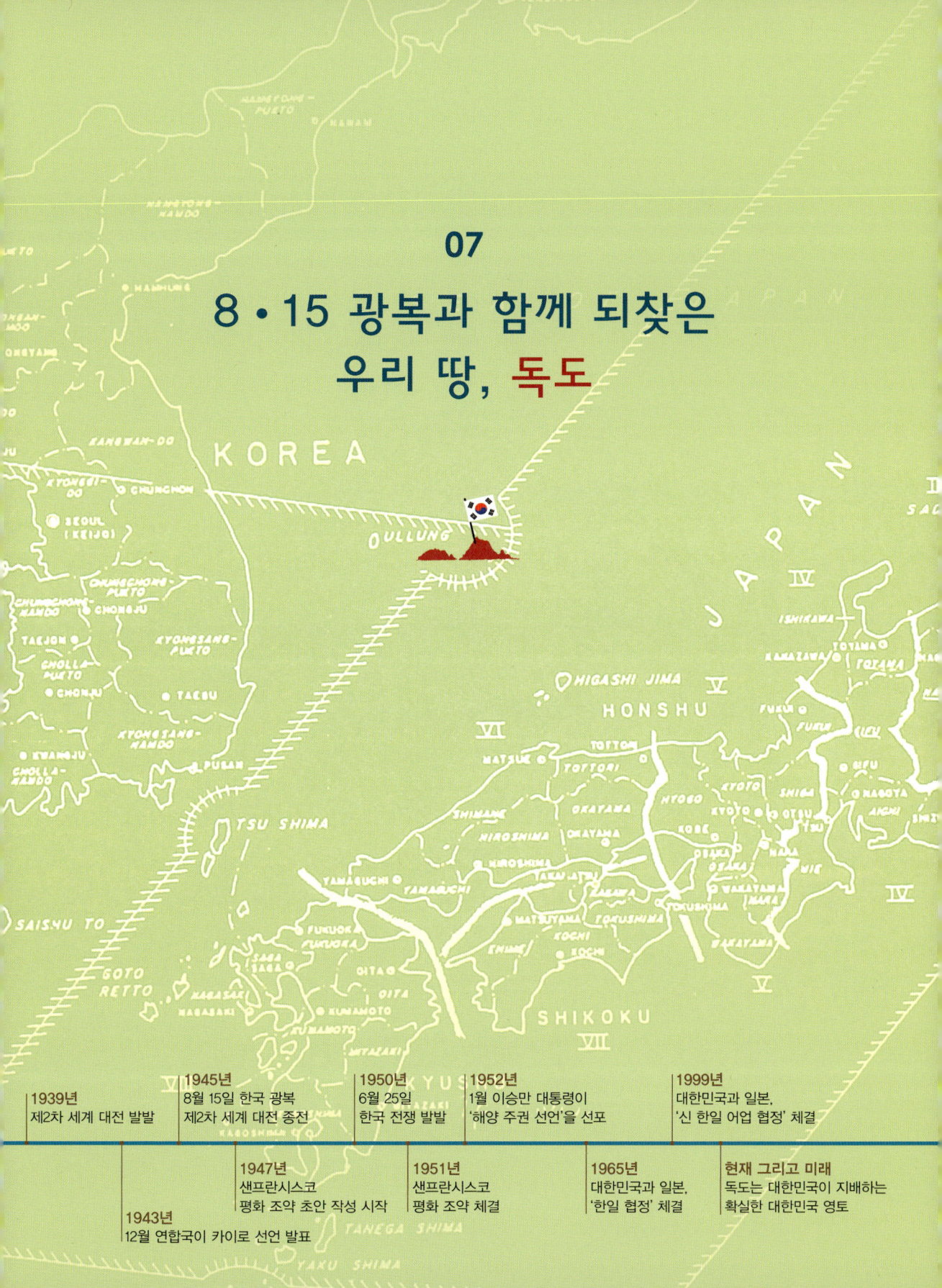

07
8·15 광복과 함께 되찾은 우리 땅, 독도

1939년
제2차 세계 대전 발발

1943년
12월 연합국이 카이로 선언 발표

1945년
8월 15일 한국 광복
제2차 세계 대전 종전

1947년
샌프란시스코 평화 조약 초안 작성 시작

1950년
6월 25일 한국 전쟁 발발

1951년
샌프란시스코 평화 조약 체결

1952년
1월 이승만 대통령이 '해양 주권 선언'을 선포

1965년
대한민국과 일본, '한일 협정' 체결

1999년
대한민국과 일본, '신 한일 어업 협정' 체결

현재 그리고 미래
독도는 대한민국이 지배하는 확실한 대한민국 영토

1
샌프란시스코 평화 조약에 빠진 독도의 이름

"일본 자료에는 독도는 다케시마이고, 1905년 이후 일본 시마네 현의 오키 섬에 포함되었다고 되어 있잖아. 이렇게 증거가 있는데 왜 독도가 한국 영토라고 되어 있지?"

미국 국무성 주일 정치 고문으로 일하던 파란 눈의 시볼드는 1차에서 5차까지 작성된 샌프란시스코 평화 조약 초안 내용을 꼼꼼히 살폈지만 도무지 이해할 수가 없었다.

일본인 여성과 결혼해 일본에서 살면서 법률 회사를 운영했을 정도로 일본을 사랑했던 시볼드는 독도를 한국에 반환하고 싶지 않았던 일본 정부에 큰 힘이 된 인물이었다. 일본 정부 사람들은 곧장 시볼드를 찾아가 말했다.

"다케시마(독도)가 일본 땅인 이유는 충분합니다. 그러니 제발 다케시마가 우리 일본 땅이 될 수 있게 도와주십시오."

일본 정부가 이렇게 부탁하는 데는 타당한 이유가 있을 거라고

생각한 시볼드는 부탁을 들어주기로 했다.

'흐음, 어떻게 하면 다케시마(독도)가 일본 땅이라는 것을 미국 정부에 알릴 수 있을까?'

생각 끝에 시볼드는 1949년 11월 일본의 주장에 일리가 있으니 우리 미국은 일본의 의견을 따라야 하고, 독도가 일본 땅이 된다면 미국에도 많은 이득이 될 것이라는 내용의 편지를 미국 국무부에 보냈다.

편지를 받은 미국 정부는 독도가 일본 땅이라는 시볼드의 주장에 귀 기울이기 시작했다. 처음에 독도를 한국 땅으로 인정했던 미국은 결국 독도가 일본 땅이라는 내용의 새 조약 초안을 만들어 이를 다른 연합국에 알렸다. 이 소식을 들은 시볼드의 일본 친구들은 몹시 기뻐하며 시볼드에게 감사를 표했다.

"모두 시볼드 씨 덕분입니다. 일본에 대한 당신의 마음을 충분히 알았습니다."

스스로를 일본인과 다름없다고 생각했던 시볼드는 일본에 도움이 되었다는 생각에 몹시 기뻤다. 그런데 며칠 뒤, 일본 정부 사람들이 다급하게 시볼드의 집을 찾아왔다. 갑작스러운 방문에 깜짝 놀란 시볼드가 물었다.

"아니, 무슨 일로 연락도 없이 이렇게 급하게 찾아오셨습니까?"

"큰일입니다. 제7차 샌프란시스코 평화 조약 초안에 독도가 다시 한국 땅으로 표시되었다고 하는데, 이게 어떻게 된 일입니까!"

이상한 일이었다. 분명 미국 정부를 설득해 독도를 일본 땅으로 조약 내용을 바꾸도록 했던 시볼드의 얼굴에 당황한 기색이 어렸다. 부리나케 새 조약 초안을 살펴본 시볼드는 깜짝 놀랐다. 정말 독도가 다시 한국 땅으로 표시되어 있었던 것이다.

"왜 연합국들이 나서는 거지? 일본인들에게 그깟 바위섬 하나 주는 게 뭐가 그리 아까워서!"

화가 잔뜩 난 시볼드는 두 주먹을 꽉 쥐며 결심했다.

'제2차 세계 대전을 승리로 이끈 우리 미국의 의견을 따르지 않다니, 조금 더 강하게 나서야겠어.'

그때부터 시볼드의 의견을 받아들인 미국과 다른 연합국 간의 힘겨루기가 시작되었다. 그리고 드디어 열두 번째 조약 초안 발표 날이 다가왔다. 연합국 대표들로 가득한 연합국 회의장에는 긴장된 분위기가 감돌았다. 곧 회의가 시작되었고 미국 대표는 새롭게 작성된 열두 번째 조약 초안 내용을 발표했다. 그러자 내용을 살펴본 다른 연합국들은 아우성을 쳤다.

"이건 이전과 같은 내용이지 않습니까!"

열두 번째 조약 초안에 독도가 또 일본 땅에 포함되어 있었던 것이었다. 이번에도 시볼드의 의견이 관철된 것이었다. 결국 다른 연합국의 불만이 폭발하고 말았다.

"더 이상 미국에게만 조약 초안을 작성하게 할 수는 없습니다!"

"그렇습니다. 이제 우리끼리 초안을 작성해야 합니다!"

결국 영국을 중심으로 한 호주, 뉴질랜드 등 다른 연합국들은 독도가 한국 땅이라는 내용의 새 초안을 만들어 공개했다. 연합국 간 의견 대립은 점점 심해졌고, 샌프란시스코 평화 조약 체결은 계속 미뤄졌다. 이 상황을 더 두고 볼 수 없었던 미국이 새로운 제안을 했다.

"이렇게 하다간 끝도 없을 것 같으니, 아무래도 우리 미국과 영국이 비밀 회담을 가져야 할 것 같습니다."

며칠 뒤, 미국과 영국이 작성한 새 조약 초안에 다른 연합국들이 찬성했다는 소식이 들려왔다. 시볼드는 재빨리 최종 조약문을 살폈다.

'음, 조금 실망스럽군. 아쉽지만 이 정도로 만족해야겠어. 더는 미국 정부를 곤란하게 만들 수 없지.'

시볼드는 낭패한 표정을 지었다. 조약에서 독도는 찾아볼 수 없었기 때문이다. 독도에 대한 언급 자체가 아예 빠져 버린 것이다.

훗날 일본이 독도를 일본 땅이라고 억지를 부릴 불씨를 만든 시볼드는 이후에도 일본 정재계 인사들과 친밀한 관계를 유지하고 호주 주미 대사까지 지낸 뒤 공직에서 은퇴하였다.

 샌프란시스코 평화 조약에 독도가 빠졌다고 독도의 주인이 바뀐 것은 아니에요. 조약이 어떻게 체결되었고, 그 과정에서 어떤 일이 있었는지가 더 중요하지요. 가장 중요한 건 1948년 대한민국 정부 수립 이후 우리 대한민국이 지금까지 계속 독도를 지배해 왔다는 사실을 잊지 않는 것이에요.

2
8·15 광복 이후의 독도

한 줄기 빛, 꿈같이 찾아온 광복

1945년 우리나라 시민들이 8·15 광복을 맞이한 기쁨에 거리로 나와 목이 터져라 만세를 부르는 모습이에요.

　　1945년 어두웠던 일제 강점기는 제2차 세계 대전과 함께 끝이 났어요. 1939년부터 시작된 제2차 세계 대전은 전 세계를 전쟁의 구렁텅이로 몰아넣었어요. 이 전쟁을 일으킨 독일, 이탈리아, 일본은 전 세계를 정복할 기세로 무섭게 싸웠지만 결국 미국과 영국, 프랑스 등으로 이루어진 연합군에 무릎을 꿇었지요.

　　전 국민이 죽을 때까지 싸우겠다며 의지를 다졌던 일본은 원자 폭탄 공격을 받고 나서야 1945년 8월 15일 무조건 항복하겠다고 선언했어요. 이로써 한반도에는 길고 긴 36년 간의 강점기 시대가 끝나고 광복의 날이 찾아왔어요. 다시는 한반도에 이런 비극이 일어나지 않기를 간절히 바라면서 수많은 사람들이 거리로 나와 목이 터지도록 만세를 외쳤습니다.

대한민국 광복의 근거, 카이로 선언과 포츠담 선언

일본의 항복과 대한민국의 광복, 이 두 역사 사실은 과연 어떤 관련이 있을까요? 왜 전쟁에 진 일본은 순순히 한반도에서 물러났을까요? 그건 바로 미국, 영국, 프랑스, 러시아(당시에는 소련) 등으로 구성된 연합국이 발표한 두 개의 선언 때문이에요.

1943년 11월, 미국의 프랭클린 루스벨트 대통령과 영국 수상 처칠 그리고 중화민국 총통 장 제스(장개석), 삼국 대표가 이집트 카이로에 모여 일본과 전쟁을 치를 방안과 전후 일본의 처리 문제에 대한 원칙을 협의하기 위해 회담을 가졌어요. 바로 카이로 회담이에요.

카이로 회담에서 일본을 상대로 싸우는 일에 협력할 것을 협의했고, 일본이 패망할 경우 일본 영토 처리에 대한 연합국의 기본 방침을 결정했지요.

또한 군사적으로는 노르망디 상륙 작전

카이로 회담에 참석한 장 제스, 루스벨트, 처칠(왼쪽부터)의 모습이에요.

1945년 9월 2일, 미국 미주리호 갑판에서 일본의 외무부 장관이 맥아더 장군 앞에서 포츠담 선언을 수락하며 서명을 하는 모습이에요.

에 대해 깊이 논의했으며, 1914년 이래 일본이 점령한 모든 영토를 빼앗고 또한 1914년 이전이라도 일본이 빼앗고 약탈한 모든 지역에서 일본 세력을 축출한다고 선언했지요.

그런데 이 선언의 특별 조항에 우리나라가 언급되어 있어요.

"코리아 사람들이 노예 상태에 놓여 있음에 유의해 적절한 절차에 따라 코리아에 자유와 독립을 줄 것이다."

카이로 회담의 결과로 발표된 카이로 선언은 굉장히 의미 있는 선언이에요. 우리 한국의 독립을 처음 국제적으로 보장 받은 것이니까요.

이 카이로 선언에 따르면 1905년 일본 시마네 현의 땅으로 강제 편입된 독도 역시 일본이 빼앗고 약탈한 지역에 포함되므로 독도는 우리 한국의 영토로 돌아와야 하는 게 마땅하지요.

이 카이로 선언은 1945년 7월 26일에 발표된 포츠담 선언으로 이어졌고, 일본은 무조건 항복을 결의하며 포츠담 선언을 수락하기로 결정했어요. 이로써 제2차 세계 대전은 끝이 났고, 한국은 광복을 맞이했어요.

연합국 최고 사령관 각서(SCAPIN) 제677호

1945년 9월 2일 서명된 일본의 항복 문서를 준수하기 위해 연합군 총사령부는 연합국 최고 사령관 각서(SCAPIN) 제677호를 발표했어요. 이 각서에는 독도가 일본에서 분리된 한국 영토라고 정확히 언급되어 있어요.

연합국 최고사령관 각서 제677호에는 한 장의 지도가 첨부되어 있어요. 사진 속 지도가 바로 그것이에요. 이 지도 속에서 독도를 찾아보세요. 한국 땅을 표시한 바다 경계선 안쪽에 독도가 확실히

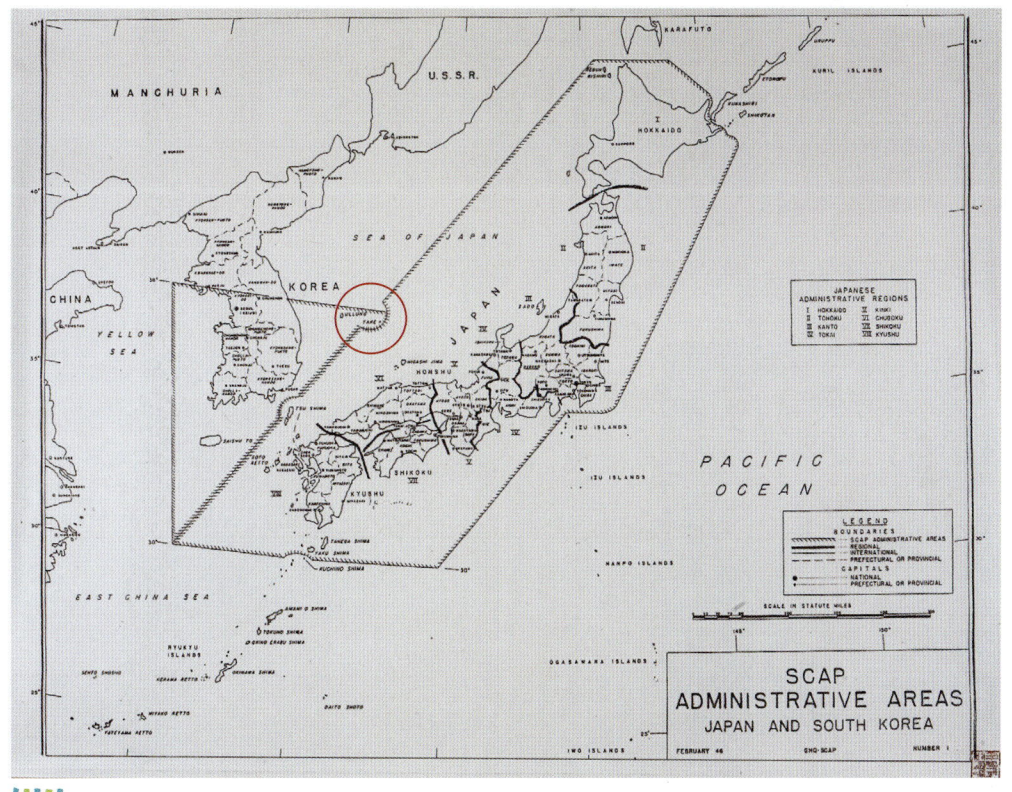

연합국 최고사령관 각서(SCAPIN) 제677호예요. 이 문서에는 울릉도와 독도까지 한국의 영토로 표시되어 있어요.

들어와 있어요.

전쟁에서 이긴 연합군이 만든 이 문서대로라면 독도는 곧바로 우리나라 품으로 돌아왔어야 했어요.

그런데 연합국 최고사령관 각서 6항에 '이것은 최종적인 결정이 아니다.'라는 문구가 적혀 있어요. 일본은 이 문구를 빌미로 각서 제677호에 나오는 지도는 독도가 한국 땅이라는 것을 밝히는 결정적인 문서가 아니라고 반박하지요.

하지만 이 서류로 당시 연합국 총사령부가 독도를 일본이 아닌 한국 영토라고 계획하고 있었다는 것을 알 수 있어요.

그렇다면 한국과 일본의 영토는 대체 누가, 어디에서 최종적으로 결정했을까요? 그것은 바로 '샌프란시스코 평화 조약'에서 결정되었답니다.

샌프란시스코 평화 조약

전승국인 연합국 48개국과 패전국인 일본은 1951년 9월 8일 미국 샌프란시스코에 모여 제2차 세계 대전을 끝내기 위해 조약을 맺었어요. 샌프란시스코에서 맺었다 하여 '샌프란시스코 평화 조약'이라고 합니다.

연합국들은 수차례에 걸쳐 샌프란시스코 평화 조약의 내용을 다듬었고 조약의 1차 초안에서부터 5차 초안까지는 독도가 한국의 영

샌프란시스코 평화 조약에 참가하지 못한 한국

샌프란시스코 평화 조약은 굉장히 중요한 조약이에요. 이 조약 내용에 따라 우리나라의 영토가 결정되거든요. 하지만 우리나라는 이 조약 내용을 결정하는 데에 적극적인 의견을 낼 수 없었어요. 연합국은 우리가 일제 강점기에 임시 정부를 만들어 항일 활동을 한 건 인정하지만, 국민 대부분이 일본 지배를 받고 있었다는 사실을 들어 연합국으로 인정하지 않았어요. 그래서 한국은 조약 당사자가 될 수 없었고 충분한 의견도 말할 수 없는 입장이었어요.

토로 표기되어 있었어요. 많은 연합국들이 이 내용에 동의했기에 가능했지요. 그런데 이상한 일은 뒤이어 만들어진 제6차 초안에서 벌어졌어요. 제6차 초안에는 독도가 일본 영토라고 기록된 거예요.

샌프란시스코 평화 조약에서 빠진 독도

당시 미국 국무성 주일 정치 고문 중에는 일본 소식통이라 불리던 '윌리엄 제이 시볼드'라는 사람이 있었어요. 시볼드는 일본에 거주하며 미국에 일본과 관련한 소식을 전하는 외교관으로 일본과 긴밀한 관계를 맺고 있는 사람이었어요. 일본 정부

윌리엄 시볼드(가운데)가 도쿄에서 존 포스터 덜레스 미국 대통령 특사(왼쪽)와 당시 일본 수상이었던 요시다 시게루(오른쪽)과 대화를 나누는 모습이에요.

는 독도가 일본 땅이라고 시볼드를 설득했어요. 일본 정부가 제시한 서류들을 검토한 시볼드는 미국 정부에 '독도에 대한 일본인들의 주장이 맞다.'고 보고했어요. 미국은 시볼드의 의견을 받아들여 독도를 일본 영토로 표기한 제6차 초안을 만든 것이지요.

그런데 이 제6차 초안이 공개되자마자 미국은 다른 연합국들의 거센 비난을 받았어요. 여러 연합국들이 수차례 논의해 완성되었던 제5차 초안과는 달리 미국이 다른 연합국들과 상의도 하지 않고 단

독으로 독도를 일본 영토라고 바꿔 적었기 때문이에요.

비난을 이기지 못한 미국은 뒤이은 제7차 초안에 독도를 다시 한국의 영토로 표시했어요.

그러나 시볼드는 포기하지 않고 다시 미국 정부를 설득해 제8차, 제9차 초안에 다시 독도가 일본 영토에 포함시켰어요.

그러자 다른 연합국들은 또다시 미국을 비난했어요. 그래서 뒤이은 제10차, 제11차 초안에서 독도가 다시 대한민국 영토가 되었지요. 이런 식으로 미국과 다른 연합국들은 계속 독도 문제로 충돌했어요.

그리고 이어진 제12차 초안에서 미국은 다시 독도를 일본 영토로 표시해 연합국 회의장에 나타났어요. 그러자 다른 연합국들은 더 이상 샌프란시스코 평화 조약 초안 작성을 미국에게만 맡길 수 없다고 생각했어요. 그 결과 영국, 호주, 뉴질랜드 등 영국 연방 국가들이 중심이 되어 '영국 초안'이 탄생했지요. 1951년 4월에 작성된 이 영국 초안에는 독도가 확실한 한국 영토로 나와 있어요.

결국 미국과 영국은 일곱 차례 비밀 회담을 하여 '영미 합동 초안'을 만들었어요. 그렇게 만들어진 초안에는 이런 내용이 담겨 있어요.

49개 연합국 대표들이 모인 가운데 샌프란시스코 평화 조약이 체결되는 장면이에요.

"일본은 한국의 독립을 승인하고, 제주도, 거문도, 울릉도를 포함한 한국에 대한 모든 권리와 권원 그리고 청구권을 포기한다."

초안 어디에서도 독도는 보이지 않았어요. 일본 영토를 표시한 일본 영토 조항에도, 한국의 영토를 표시한 한국 영토 조항에도 독도의 이름은 나오지 않았어요.

미국은 이 영미 합동 초안을 발표하면서 '영국 초안처럼 너무 세세히 일본 영토를 제시하면 일본인들에게 심리적 압박을 준다.'고 말하며 사실상 독도가 한국 영토라는 사실을 암시하기도 했지요.

마침내 1951년 9월 8일 샌프란시스코 평화 조약이 체결되고 이듬해인 1952년 4월 28일부터 샌프란시스코 평화 조약이 발효되었어요. 이 조약으로 제2차 세계 대전이 공식적으로 끝이 났고, 일본은 전후 배상 및 일본 영토 문제를 유리하게 해결할 수 있었어요. 또한 샌프란시스코 평화 조약에 독도가 빠지면서 독도가 논란의 불씨로 남고 말았습니다.

3
독도는 완전한 대한민국의 땅!

해양 주권 선언을 선포한 이승만 대통령

비록 샌프란시스코 평화 조약에 독도는 빠졌지만, 연합국들은 사실상 독도가 대한민국 땅이라는 것에 암묵적으로 동의하고 있었어요. 또 일본 마이니치신문도 일본 외무성의 도움을 받아 발행한 '샌프란시스코 평화 조약 해설서'에 독도가 대한민국 영토에 포함되어 있는 지도를 실어 이 사실을 알렸지요.

대한민국 정부는 한국 영토 조항에 독도가 빠진 것을 샌프란시스코 평화 조약이 체결되기 약 두 달 전에야 알게 되었어요. 깜짝 놀란 대한민국 정부는 미국 정부에게 독도를 한국 영토 조항에 넣어 달라고 요청했지요. 그러자 미국 정부가 한 통의 비밀문서를 보냈어요. 바로 '러스크 서한'입니다.

러스크 서한

러스크 서한의 내용은 충격이었어요. '독도는 일본 땅'이라는 미국 정부의 의견이 담겨 있었거든요. 이 러스크 서한은 일본이 독도가 일본 땅이라는 주장의 근거로 가장 많이 내세우는 문서이지요.

하지만 러스크 서한은 독도의 주권을 결정하는 데 아무 효력이 없는 문서예요. 당시 모든 연합국들이 인정하고 서명한 샌프란시스코 평화 조약과는 달리, 러스크 서한은 미국 정부의 입장만 담긴 문서이거든요. 미국이 연합국에 미치는 영향력이 아무리 크다고 해도, 대한민국의 영토를 단독으로 결정할 권한은 없었어요. 게다가 러스크 서한은 다른 나라에는 알려지지 않은 비밀문서예요. 연합국뿐만 아니라 일본도 이 러스크 서한을 못 보았지요. 그렇기 때문에 미국이 대한민국에게 비밀리에 보낸 이 러스크 서한은 독도의 주인을 정하는 데 어떤 영향도 미칠 수 없답니다.

그런데 엎친 데 덮친 격으로, 당시의 대한민국은 이루 말할 수 없이 혼란스러웠어요. 샌프란시스코 평화 조약이 체결되던 때인 1951년 9월은 한국 전쟁이 한창이었어요. 일본의 지배에서 벗어난 지 얼마 되지 않아 갑작스레 일어난 전쟁으로 독도 문제를 충분히 제기하기란 어려웠지요. 일본은 우리나라가 전쟁으로 혼란한 틈을 타 독

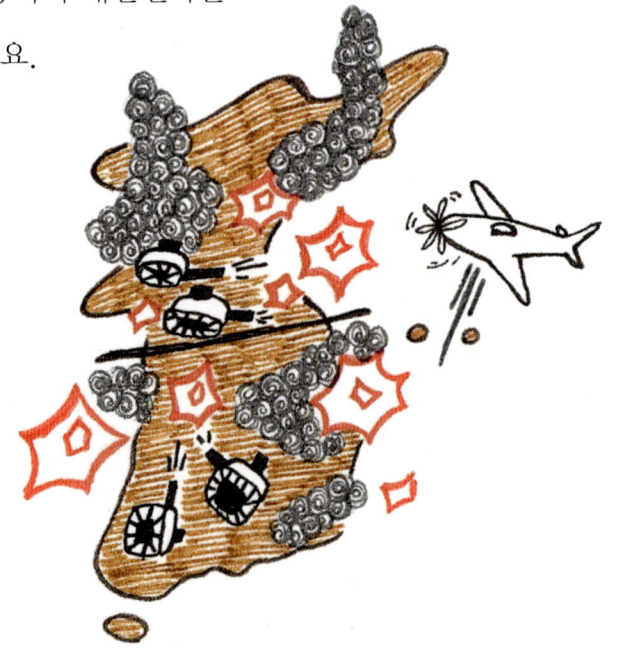

도에 몇 차례나 침입했지요. 이승만 대통령은 독도를 넘보는 일본을 더 두고 볼 수가 없었어요. 그래서 1952년 1월 18일 '인접 해양에 대한 주권에 관한 선언'을 전 세계에 선포했어요.

이것은 대한민국 영토 및 크고 작은 섬들과 이웃해 있는 한국 연안 바다에 대한 주권을 선포하는 것으로 이로 인해 설정된 선이 '해양 주권선(평화선)'이에요. 이 해양 주권선 안에는 독도가 포함되어 있었지요. 이것은 대한민국이 더 이상 우리의 어떤 영토도 일본에게 빼앗기지 않겠다는 강한 의지를 보여 준 것이에요. 당시 미국을 비롯한 모든 연합국들은 이 해양 주권 선언 선포에 아무런 반대 표시를 하지 않았어요. 이것은 독도가 대한민국의 영토임을 인정해 준 것이라 할 수 있어요.

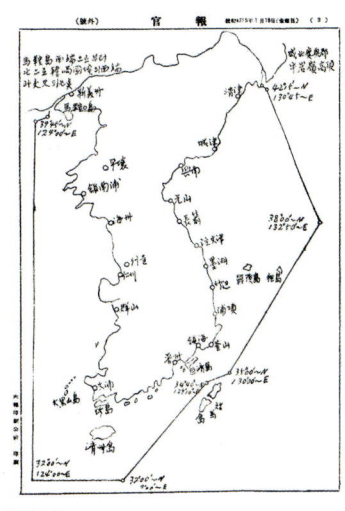

관보에 실린 해양 주권선(평화선)의 경계예요.

독도를 포기했던 일본

대한민국과 일본은 1951년부터 1965년까지 약 14년 동안 두 나라의 관계를 회복하기 위해 여러 차례 한일 회담을 열었어요. 이 회담에서 가장 문제가 된 것은 바로 독도였어요.

일본은 독도를 분쟁 지역이라고 주장하며 독도의 주인이 누구인

국제 사법 재판소와 독도

TV나 신문에서는 종종 네덜란드 헤이그에 있는 국제 사법 재판소에 가서 독도의 주인을 가려낸다거나, 국제 사법 재판소가 일본의 손을 들어주면 어쩌나 하는 등의 이야기를 해요. 그런데 1965년 이후 일본 정부는 단 한 번도 공식적으로 독도 문제를 국제 사법 재판소에서 해결하자는 제안을 우리 정부에 한 적이 없어요. 이런 말은 모두 일본의 일부 정치인과 학자들이 일본 국민용으로 하는 말이에요. 왜냐하면 1965년 한일 협정을 체결할 때 일본은 한일 간 분쟁을 해결할 수단으로 국제 사법 재판소라는 수단을 포기했기 때문이에요.

지 '국제 사법 재판소'에서 가리자고 했어요. 하지만 우리의 입장은 한결같았어요.

"만약 독도를 대한민국의 영토로 인정하지 않는다면, 한일 협정 자체를 없었던 일로 할 것입니다!"

한일 협정 비준서에 서명하는 박정희 대통령의 모습이에요.

대한민국의 입장은 강경했어요. 결국 일본은 독도의 이름을 분쟁 지역에서 빼고 그 내용 그대로 1965년 6월 22일 '한일 협정'을 체결했어요. 그리고 1965년 12월 한일 협정 비준서가 서울에서 교환되면서 대한민국과 일본은 정치적으로, 사회적으로 다시 교류하기 시작했어요.

한일 협정을 체결하고 나서 일본은 '대한민국이 독도를 불법 점거하고 있다.'는 항의서를 4년 넘게 보내지 않았어요. 또 대한민국이 독도 주권을 강화하는 발언을 해도 항의하지 않았지요. 이것은 일본 정부가 독도는 일본 땅이 아니란 것을 인정한 행동이었어요. 왜냐하면 한일 협정을 체결할 때 우리나라가 일본 정부에게 "독도 문제를 대한민국에 불리하게 만든다면 다른 모든 협정에 서명하지 않겠다."고 통보했기 때문이에요. 그래서 일본은 독도를 사실상 포기하는 대신 다른 협정을 마무리하기로 했어요. 실제로 일본 외무성 사람들은 일본 신문과의 인터뷰에서 독도를 포기한 것과 다름없다는 것을 인정했어요. 또 당시 일본 국회에서도 국회의원들이 일본 정부에 대해 "왜 독도를 포기했느냐."며 맹비난을 했지요.

하지만 1990년대가 되자 일본은 다시 독도에 대한 욕심을 드러냈어요. 독도를 차지하면 독도 주변의 풍부한 자원을 차지할 수 있기 때문이지요.

어업 협정과 영토 협정은 다르다

1996년 일본 정부는 다시 '독도는 일본 땅'이라는 주장을 하며 대한민국과 맺은 '한일 어업 협정'을 일방적으로 깨뜨렸어요. 그래서 1999년 대한민국 정부는 새로운 어업 협정인 '신 한일 어업 협정'을

1998년 11월 신 한일 어업 협정의 서명식과 각료 회담이 이루어지고 있는 모습이에요.

일본과 맺었어요. 그런데 협정을 맺는 과정에서 독도 주변 바다를 두고 의견이 분분했어요. 결국 바다의 영역에 대한 해결점을 찾지 못하고 독도 주변 바다를 대한민국과 일본이 공동으로 관리하는 '중간 수역'으로 지정합니다.

몇몇 사람들은 이 사실을 두고 '대한민국 정부가 독도를 일본에 넘겼다.'며 분통을 터뜨리기도 하지만 전혀 그렇지 않아요. 1999년 1월에 맺은 협정은 한 나라의 국경을 정하는 '영토 협정'이 아니라 물고기, 조개, 김이나 미역 같은 해산물을 잡거나 기를 수 있는 구역을 정하는 '어업 협정'이기 때문이에요. 그리고 이 협정은 서로 언제든지 파기할 수 있어요. 그렇게 쉽게 파기할 수 있는 협약으로 영토를 정할 수는 없어요. 그러니 이 협정을 맺었다고 해서 원래 우리 땅이었던 독도가 일본 땅이 되거나 하지는 않아요.

이보다 중요한 건 옛날부터 지금까지 우리 대한민국이 독도를 지배하고 관리하고 있었다는 사실이지요.

일본이 아무리 억지를 부려도, 독도는 우리 땅

일본은 독도를 '다케시마'라고 부르며 일본 영토라고 주장합니다.

시마네 현에서는 '다케시마의 날'을 제정하여 성대한 기념 행사를 열고, 일본 외무성에서는 '다케시마 문제'라는 웹 사이트를 만들어 자신들의 왜곡된 주장을 전 세계에 퍼뜨리고 있어요.

일본 초등학교 5, 6학년 사회 교과서에 등장하는 지도예요. 이 지도에 독도를 일본 국경선 안에 포함되도록 그려 넣어 독도가 일본 땅인 것처럼 설명하고 있어요.

게다가 최근에는 일본의 몇몇 중학교, 고등학교 사회 교과서에 독도는 일본 땅이라는 내용을 담아 학생들에게 잘못된 사실을 교육하고 있어요.

지금까지 살펴보았듯 일본이 독도를 자신들의 땅이라고 주장하며 내세우는 근거들은 언뜻 보면 꽤 치밀해서 속기 쉬워요. 그러나 그 근거들을 꼼꼼히 살피면 그렇지 않다는 걸 알 수 있어요. 일본은 자료가 진짜 말하고자 하는 부분을 숨기고 왜곡하여 일본에 유리해 보이는 부분만 세계에 홍보해 독도가 일본 영토임을 주장하고 있지요. 이제는 세계가 일본의 주장이 아닌 우리 대한민국의 목소리에 귀를 기울이게 만들어야 해요. 올바른 독도 지식으로 독도가 대한민국 땅인 이유를 알릴 수 있어야지만 독도를 우리 손으로 지킬 수 있답니다.

독도 바위에 새겨진 '한국령'이라는 글씨예요.

일본이 모르는 독도의 진실 07

일본이 샌프란시스코 평화 조약에 서명하면서 '한국의 영토'가 확정되었지만 한일 양국 영토 조항에 독도의 이름은 없었습니다. 그래서 지금 일본은 독도가 일본 영토로 남아 있는 것이라고 주장합니다. 또 일본은 '밴 플리트 보고서'나 '러스크 서한'을 들어 독도가 사실상 일본 땅이라고 주장합니다. 그러나 이 문서들은 다른 연합국들의 합의가 아닌 미국 의견만이 담긴 문서로 효력이 없습니다.

일본 주장 1
샌프란시스코 평화 조약 체결 당시 미국은 독도가 '일본 땅'이라는 것에 동의했습니다.

대한민국은 샌프란시스코 평화 조약 작성 당시 미국 국무부에 '일본이 포기해야 할 땅에 독도도 포함시켜 달라.'고 요구했지만 미국은 '러스크 서한'을 보내 거절했습니다. 또한 1953년 미국 아이젠하워 대통령 특사였던 밴 플리트 대사의 보고서에도 '독도는 일본 땅이라는 게 미국의 입장'이라고 적혀 있습니다

한국 주장 1
그것은 미국의 의견일 뿐이며 연합국 전체의 의견이 아닙니다.

당시 미국은 미국 의견을 연합국 전체 의견인 것처럼 적은 '러스크 서한'을 보냈습니다. 그러나 밴 플리트 대사는 보고서에 '독도가 일본 영토라는 것은 미국만의 의견이고 대한민국에만 비밀스럽게 전달되었으며 다른 나라들은 모른다.'고 적혀 이 서한이 합법적이지 않다는 것을 암시했습니다. 또한 '독도가 일본 땅이라는 미국 견해는 많은 조약 서명국 중 하나의 견해일 뿐.'라고 적힌 당시 미 국무성 덜레스 장관의 비밀문서도 발견되었으며 일본 마이니치신문은 독도가 빠진 '일본 영역도'를 그려 독도가 대한민국 땅임을 명시했습니다. 따라서 미국 단독 의견은 아무런 효력이 없다고 할 수 있습니다.

일본 주장 2

**왜 대한민국은 독도 문제를
국제 사법 재판소에서 해결하기를 거부하고 있습니까?**

일본은 독도 문제를 원만하게 해결하기 위해 1954년과 1962년에 국제 사법 재판소에서 독도 문제를 해결하자고 제안했으나, 대한민국은 계속 이를 거절했으며 지금도 받아들이지 않고 있습니다. 정말 독도가 대한민국 땅이라면, 왜 대한민국은 국제 사법 재판소에서 독도 문제를 해결하기를 거부하는 것입니까?

한국 주장 2

**독도는 확실한 대한민국 영토이므로,
국제 사법 재판소에 독도 문제를 회부할 이유가 없습니다.**

1965년 대한민국과 일본이 한일 협정을 체결할 때 일본이 독도 문제를 국제 사법 재판소에서 해결하자고 했지만 대한민국이 거절하자 일본은 새로운 제안을 했습니다. '중재 위원회'를 만들어 독도 문제를 비롯한 한일 간 분쟁을 해결하자고 한 것입니다. 그러나 대한민국은 '독도는 확실한 대한민국의 땅이며 분쟁 지역도 아니므로 중재 위원회에서 해결할 것이 아니다. 또한 조약 내용에 독도가 대한민국에 불리하게 들어간다면 다른 모든 협정에 서명하지 않겠다.'고 못 박았습니다.

일본은 이를 받아들여 독도의 이름을 삭제했고 독도 문제 외 다른 문제는 대화로 해결하되 그렇지 않을 경우 조정으로 해결하기로 했습니다. 즉 일본은 한일 간 분쟁 해결에 국제 사법 재판소라는 수단을 포기한 것이며 독도를 분쟁 지역에서 제외시켰습니다. 이것은 사실상 일본이 독도를 포기한 것과 다름없습니다.

그러나 일본은 2012년 8월 독도 문제를 국제 사법 재판소에 제소하자고 한국 정부에 요구하며 조정 방안도 함께 제의했습니다. 그러나 독도를 국제 사법 재판소에 제소하는 것은 1965년 한일 협정에 위배되는 행위입니다. 독도는 확실한 대한민국 땅이므로, 우리 정부는 앞으로도 독도를 확실히 지킬 것입니다.

| 독도의 지형과 시설 |

촛대바위
마치 촛대를 세워 놓은 것 같은 모습이라 촛대바위라고 해요. 또 장군이 투구를 쓴 모습과 비슷하다고 해서 장군바위라고도 하지요.

큰 가제바위와 작은 가제바위
옛날 강치가 많이 모여 놀던 곳이라 해서 강치의 사투리인 '가제'를 써 가제바위라 해요.

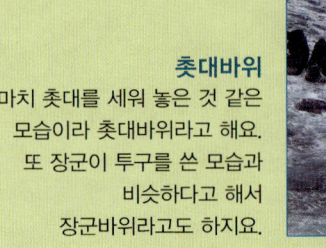

탕건봉
머리에 쓰는 탕건과 닮았다고 하여 붙여진 이름이에요.

서도
(대한봉)

물골
1일 400리터 정도의 물이 고인다고 하는 물골이에요.

코끼리바위
코끼리가 물을 마시고 있는 모습 같다고 해서 코끼리바위라고 해요.

삼형제굴바위
앞선 형 뒤를 동생 둘이 따라 걸어가는 것 같다고 해서 삼형제굴바위라고 해요.

닭바위
서도에서 바라보면 닭이 알을 품고 있는 것 같다고 해서 붙은 이름이에요.

한반도바위
바위 위에 풀이 난 모습이 한반도를 쏙 빼닮았다고 하여 붙은 이름이에요.

천장굴
동도 정상에서 바닥까지 섬을 관통하는 굴인 천장굴이에요.

독립문바위
독립문의 모습처럼 생겼다고 해서 붙은 이름이에요.

동도 (우산봉)

얼굴바위
마치 상투 튼 사람의 옆모습과 비슷하여 붙은 이름이에요.

독도 등대
독도 등대는 바다 위 46킬로미터까지 빛을 보낼 수 있어요.

동도 선착장
독도 동도에 도착해 배를 대는 곳이에요.

숫돌바위
바위의 생김새가 칼을 갈 때 쓰는 숫돌과 비슷하게 생겼다고 하여 붙은 이름이에요.

| 독도의 생물들 |

화산섬 독도는 섬 대부분이 화산암으로 이루어져 있어요.
독도는 경사가 심하고 바람도 심하게 불어 많은 생물들이 한 자리에 정착하며
살아가기는 어려운 환경이지요. 하지만 동해 가운데에 자리 잡은
독도의 지리적인 특수성으로 독도에는 수많은 조류(새)들과
여러 종의 곤충, 식물, 바다 생물들이 한데 어울려 살아가고 있어요.

● **독도에 사는 동물**

독도에 포유류는 살지 않아요. 예전에는 포유류인 강치가 살고 있었지만, 지금은 멸종해 사라졌어요. 지금 독도에 사는 동물은 조류(새)와 곤충이 대부분이에요. 독도에는 독도에 자리를 잡고 살아가는 텃새뿐만 아니라 봄이나 여름이 되면 독도를 번식지로 이용하는 괭이갈매기, 바다제비, 슴새 같은 새도 있고 매, 흑비둘기, 말똥가리 등 천연기념물로 지정된 야생 조류들도 있어요. 또 황로나 쇠찌르레기, 왜가리, 민물도요새 같은 나그네새들은 먼 길을 떠나는 도중에 잠시 독도에 들러 머물다 가기도 하지요. 또 독도에는 무당벌레, 흰띠명나방, 작은멋쟁이나비, 독도장님노린재 등 다양한 곤충들도 살고 있어요.

매

왜가리

괭이갈매기

딱새

무당벌레

● 독도에 사는 식물

토양이 얕고 경사가 심해 식물이 뿌리를 내리기 어려운 섬 독도에도 식물들이 살고 있어요. 번행초, 섬기린초, 땅채송화, 괭이밥, 명아주, 해국, 갯제비쑥, 왕호장근, 술패랭이, 참나리, 닭의장풀, 민들레 등과 같은 식물과 동백나무, 섬괴불나무, 사철나무, 동백나무 등의 나무가 독도에 살고 있지요. 이중에는 독도의 자생 식물도 있는 반면, 귀화 식물 등 밖에서 가져다 심어 자라게 된 식물들도 있어요. 섬기린초나 섬초롱꽃 같은 몇몇 식물들은 울릉도와 독도, 한반도의 일정 지역에서만 자라는 희귀 식물들이에요. 매년 봄, 여름, 가을이 되면 독도는 아름다운 꽃을 피운 식물들로 아름답게 수놓인답니다.

섬기린초

왕해국

술패랭이

참나리

● 독도에 사는 바다 생물

물 깊이가 깊고 섬이 드문 동해 바다에는 다양한 바다 생물이 살고 있어요. 특히 독도 주변 바다는 따뜻한 난류와 차가운 한류가 만나 황금 어장을 이루고 있지요. 그래서 독도 주변에는 오징어, 꽁치, 고등어, 전갱이, 도미, 쥐치 같은 어류와 소라, 홍합, 성게, 해삼, 새우, 미역 등의 해산물이 풍부하지요. 이뿐만이 아니에요. 다양한 종의 산호초와 말미잘들이 살고 있는 독도 주변 바다는 바다 생물의 보물 창고라고 해도 과언이 아니랍니다.

돌돔

곤봉바다딸기

부채뿔산호

보라성게

| 울릉도와 독도가 걸어온 길 |

- **약 460만년 전 ~ 250만년 전**
  독도 형성

- **244년**
  《삼국지》에 울릉도에 관한 최초의 기록이 수록

- **512년**
  6월 신라 이사부가 울릉도와 독도를 다스리던 우산국을 정벌하여 신라에 복속시킴

- **930년**
  8월 우산국이 고려 왕건에게 사절을 보내 토산물을 바침

- **1018년**
  북쪽 여진족의 침략으로 우산국이 황폐해졌다는 소식에 고려 현종이 관리를 보내 농기구와 물품을 하사

- **1392년**
  조선 건국

- **1403년**
  8월 조선 태종이 울릉도에 살던 백성들을 한반도 본토로 데려오는 쇄환 정책을 명령

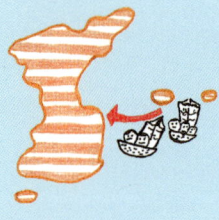

- **1407년**
  3월 대마 번에서 조선에 사신을 보내 대마 번 사람들이 울릉도에 이주해서 살게 해 달라고 간청하나 조선 태종이 이를 거절함

- **1454년**
  《세종실록》 지리지 편찬
  무릉(울릉도)과 우산(독도)을 조선 영토라고 확실히 표시

- **1531년**
  《신증동국여지승람》 편찬
  〈팔도총도〉에 무릉도(울릉도)와 우산도(독도)가 조선의 영토로 표시

- **1592년**
  임진왜란 발발

- **1620년 경**
  돗토리 번 오야 가문과 무라카와 가문이 울릉도 도해 면허를 교부 받음

- **1667년**
  일본이 《은주시청합기》 편찬.
  울릉도와 독도를 일본 영토 밖의 땅으로 표시

- **1693년**
  4월 울릉도에서 안용복과 박어둔이 일본 어부들에게 납치됨

- **1694년**
  장한상이 울릉도에 머물면서 울릉도와 독도를 조사하고 돌아옴

○ **1696년**
1월 일본 에도 막부가
'울릉도 도해 금지령'을 내림
5월 다시 일본으로 건너간 안용복이
울릉도와 자산도(독도)가
조선의 강원도에 속하는 땅이라고 선포함

○ **1697년**
조선 숙종이 울릉도에
3년에 한 번씩 관리를 파견하여
다스리는 '울릉도 수토 제도'를
실시하기로 함

○ **1785년**
일본이 〈삼국접양지도〉 완성.
울릉도와 독도를 조선 영토라고 표시

○ **1787년**
울릉도에 도착한 프랑스 항해가
라 페루즈가 울릉도를
'다줄레 섬'으로 명명

○ **1836년**
일본인 어부 하치에몬이
울릉도에서 나무를 베고
물고기도 잡으며 밀무역을 하다
일본에서 처형당함

○ **1849년**
프랑스 고래잡이 배 리앙쿠르호가
독도를 발견해 측량하며
'리앙쿠르 락스'로 명명

○ **1855년**
영국 군함 호넷 호가 독도를 발견하여
'호넷 락스'로 명명

○ **1870년**
4월 일본 외무성 관리들이
〈조선국교제시말내탐서〉라는 보고서를
제출하며 '울릉도와 독도는
조선의 부속'이라는 공문서를 남김

○ **1876년**
일본 내무성과 시마네 현이
울릉도와 독도를 조사함

○ **1877년**
3월 일본 최고 권력 기관
태정관이 울릉도와 독도가
일본 땅이 아니라고
확인, 지령을 내림

○ **1882년**
울릉도 검찰사 이규원이
고종의 명을 받들어
울릉도 등지를 조사하여 조정에 보고

○ **1883년**
조선 고종이 약 480년 만에
조선 백성들을 울릉도에 이주시켜
개척하기 시작

○ **1895년**
일본이 청일 전쟁에서 승리

○ **1897년**
조선이 대한 제국으로
새롭게 거듭나며
황제의 나라로 승격됨

1900년
10월 고종 황제가 대한 제국 칙령
제41호를 제정, 반포해 울도군의 관할 구역으로
울릉도와 죽도, 석도(독도)를 규정하여
울릉도와 독도가 대한 제국
고유 영토라는 것을 전세계에 선포

1903년
일본 어부 나카이 요자부로가 독도에서
불법 강치잡이를 시작

1904년
러일 전쟁이 발발하고 일본과
대한 제국이 한일 의정서와
제1차 한일 협약을 체결

1905년
2월 일본이 시마네 현 고시 제40호로
독도를 시마네 현 땅으로 강제 편입
7월 일본이 미국과
가쓰라 태프트 밀약 체결
9월 일본이 러시아와
포츠머스 조약을 맺으며
일본의 승리로 러일 전쟁 종결.
11월 일본이 강제로 대한 제국과
을사조약을 체결하고
대한 제국 외교권을 박탈

1906년
3월 시마네 현 관리들이
울도 군수 심흥택을 만나 독도가
일본 영토가 되었다고 구두로 알림
심흥택이 강원도 관찰사 이명래에게
'본 군 소속 독도'가 일본 땅이 되었다고 보고하자,
대한 제국 의정부 참정 대신이 '사실무근'이라며
일본의 행동을 감시하라고 지시함

1907년
헤이그 만국 평화 회의에 밀사를 보내
을사조약이 무효임을 알리려 한 고종이
강제로 폐위당함
대한 제국 군대가 해산되고
순종이 황위에 오름

1910년
일본이 강제로 대한 제국과
한일 병합 조약을 체결
일제 강점기 시작

1939년
제2차 세계 대전 발발

1943년
12월 연합국이 카이로 선언을 발표해
한국의 독립을 약속하며 일본이 빼앗고
약탈한 모든 지역에서
일본 세력을 축출하겠다고 선포

1945년
8월 15일 일본이 무조건 항복을 선언하며
연합국의 승리로 제2차 세계 대전 종결
한국 광복

1947년
샌프란시스코 평화 조약 초안 작성 시작

1950년
6월 한국 전쟁 발발

○ **1951년**
샌프란시스코 평화 조약 체결
일본이 한국에 대한
모든 권리, 권원, 청구를
포기하는 지역에
제주도, 거문도, 울릉도를
대표적으로 명시

○ **1952년**
1월 이승만 대통령이 '해양 주권 선언'을
선포하며 독도를 한국 수역에 포함시킨
해양 주권선(평화선)을 설정
4월 샌프란시스코 평화 조약 발효

○ **1953년**
한국 전쟁 휴전 선언

○ **1954년**
8월 독도에 무인 등대 설치

○ **1965년**
대한민국과 일본이 한일 협정을
체결하며 일본은 사실상 독도를 포기

○ **1977년**
일본 후쿠다 다케오 수상이
'독도는 일본 땅'이라고 공개 발언

○ **1981년**
10월 최종덕 씨가 최초로
독도에 주민 등록 등재

○ **1982년**
11월 독도가 천연기념물 제336호
독도 해조류 번식지로 지정됨

○ **1994년**
UN이 200해리 배타적 경제 수역(EEZ)을 선포

○ **1999년**
한국과 일본이 신 한일 어업 협정 체결
독도를 천연기념물 제336호
독도 해조류 번식지에서
천연기념물 제336호
독도 천연 보호 구역으로 변경

○ **2000년**
독도 자연 환경과 생태계 보전을
위해 '독도 등 도서 지역의 생태계 보전에
관한 특별법'에 의거 독도를 특정 도서로 지정

○ **2005년**
대한민국에서 일반인의 독도 관광 시작
일본 시마네 현에서 '다케시마(독도)의 날'을
제정하는 조례안을 가결

○ **2008년**
7월 일본이 일본 외무성 홈페이지에
'다케시마 문제를 이해하기 위한
10가지 포인트'를 게재하며
독도의 일본 영유권을 주장

○ **2011년**
3월 독도를 일본 땅으로 표시한
일본 중학교 사회 교과서가
일본 문부과학성 검정을 통과

○ **2012년**
3월 독도를 일본 땅으로 표시한
일본 고등학교 사회 교과서가
일본 문부과학성 검정을 통과
8월 이명박 대통령 독도 방문

○ **현재 그리고 미래**
독도는 현재 대한민국이 지배하는
확실한 대한민국 영토

| 작가의 말 |

　2006년, 처음으로 독도에 발을 디뎠습니다.
　독도가 대한민국 땅이라는 사실을 밝히는 연구를 시작한 지 8년 째 되던 해였지요. 실제로 만난 독도는 정말 아름다웠습니다. 많은 사람들이 독도를 작고 외로운 섬이라고 생각합니다. 그러나 독도는 큰 바위 위를 날아다니는 수많은 괭이 갈매기에 둘러싸여 결코 외롭지 않은 평화로운 섬이었습니다. 하지만 겉에서 보는 것과는 달리, 독도를 둘러싸고 일어나는 일들은 결코 평화롭지 않습니다. 이웃 나라 일본에서 대한민국 땅인 독도가 자신들의 땅이라는 억지 주장을 펼치고 있기 때문이지요.
　일본은 독도를 일본 땅이라고 주장하며 점점 더 대범하게 행동하기 시작합니다. 지난 2011년 3월 30일 일본 정부는 대한민국 땅 독도가 일본 땅이라는 주장을 담은 중학교 사회 교과서 검정을 통과시키고 2012년부터 이 교과서를 사용하도록 했지요. 이뿐만이 아닙니다. 2011년 8월 1일에는 일본 자민당 소속 국회 의원들이 독도가 한국 땅인 것을 인정할 수 없다고 외치며 대한민국에 입국하려다 입국 거부를 당하는 사건이 일어났고 같은 해 12월에는 대한민국이 일본 정부에 위안부 문제 해결을 촉구하자 일본 정부는 한국이 독도를 지배하는 것을 인정할 수 없다는 망언을 되풀이했습니다. 대한민국 땅 독도를 일본 땅이라고 주장하는 일본에게 우리는 어떻게 대응하면 좋을까요?

방법은 하나뿐입니다. 우리 국민 모두가 독도에 대해 잘 알고, 독도가 우리 대한민국 땅인 이유를 전 세계에 분명하게 알리는 것이지요. 특히 미래의 주역인 여러분들은 누구보다 독도를 잘 이해해야 합니다.

이 책은 독도가 대한민국 땅인 이유를 쉽게 이해하여 일본의 억지 주장에 감정적으로만 대처하는 것이 아니라 독도의 진짜 주인으로서 올바른 견해를 가질 수 있도록 기획되었습니다. 역사적인 흐름을 따라 먼 옛날부터 오늘날까지의 독도 이야기를 꼼꼼히 짚어 논리적이고 객관적인 눈으로 독도 문제를 바라볼 수 있도록 구성했지요.

독도가 일본 땅이라는 일본의 억지 주장은 생각보다 훨씬 치밀합니다. 그럴 수밖에요. 대한민국 땅 독도를 일본 땅이라고 주장하려면 그럴듯한 논리가 필요했을 테니까요. 그러나 아무리 그럴 듯한 논리도 진실 앞에서는 속수무책입니다. 독도가 어떤 섬이고 왜 대한민국 땅인지를 잘 알고 있으면 그럴 듯한 거짓말도 아무 힘이 없지요.

독도를 지키고 사랑하는 것, 독도가 왜 우리 땅인지를 아는 것은 오늘날 대한민국 국민 모두가 할 일이자 모두의 숙제입니다. 독도를 제대로 알게 된다면 독도는 더 이상 외롭지 않을 거예요.

호사카 유지

독도 관련 추천사이트

대한민국 동해 홈페이지 : http://eastsea.khoa.go.kr/open_content/main
독도관리사무소 : http://www.ulleung.go.kr/mdokdo/main.htm
독도명예주민증 : http://www.intodokdo.go.kr/member
독도바다 지킴이 : http://dokdo.kcg.go.kr
독도연구소 : http://www.dokdohistory.com
독도와 동해 : http://www.forthenextgeneration.com/dokdo
독도의 진실 : http://www.truthofdokdo.com/
독도종합정보시스템 : http://www.dokdo.re.kr
동해포럼 : http://www.eastsea.org
사이버독도 : http://www.dokdo.go.kr
사이버 외교 사절단 반크 : http://prkorea.com/
우리땅 독도 : http://dokdo.nori.go.kr

사진 제공 및 사용에 협조해 주신 곳

국가기록원 나라기록관 184
국립고궁박물관 54, 144
국립대구박물관 125
국립제주박물관 145
국립중앙도서관 52, 111
국립중앙박물관 44, 72
독도박물관 17, 21(위), 22, 58, 82, 109, 112, 155, 175
독도본부 190(탕건봉, 코끼리바위, 삼형제굴바위), 191(독립문바위, 독도 등대, 독도 선착장, 숫돌바위), 192(괭이갈매기)
동북아역사재단 43
북앤포토 27
(사)안용복장군기념사업회 89
서울대학교규장각 49, 51, 148
연합뉴스 25, 177, 186(위), 187(위, 아래)
위키피디아 21, 24, 159, 173, 179
이미지클릭 74
(주)지엑스 193(섬기린초, 왕해국, 괭이밥, 참나리, 돌돔)
코리아니티닷컴 152
한국학중앙연구원 153
한국해양연구원 190(물골), 191(닭바위, 천장굴, 얼굴바위), 193(곤봉바다딸기, 부채뿔산호, 보라성게)
시몽포토에이전시

이 책에 사용된 사진은 저작권자에게 허락을 받아 게재했습니다.
저작권자와 초상권자를 찾지 못한 사진은 연락 주시면 확인되는 대로 허락받겠습니다.